Topos plus **Taschenbücher**
Band 368

Egon Mielenbrink
Beten mit den Füßen
Über Geschichte und Praxis
von Wallfahrten

Topos^{plus} Taschenbücher

Topos plus **Verlagsgemeinschaft**

Butzon & Bercker, Kevelaer | Don Bosco, München | Echter, Würzburg
Lahn-Verlag, Limburg Kevelaer | Matthias-Grünewald-Verlag, Mainz
Paulusverlag, Freiburg Schweiz | Friedrich Pustet, Regensburg
Styria, Graz Wien Köln | Tyrolia, Innsbruck Wien

Die Deutsche Bibliothek – CIP-Einheitsaufnahme
Ein Titeldatensatz für diese Publikation
ist bei Der Deutschen Bibliothek erhältlich.

© 2001 Verlag Butzon & Bercker, Kevelaer
Neuausgabe
Kein Teil des Werkes darf in irgendeiner Form
(durch Fotografie, Mikrofilm oder ein anderes Verfahren)
ohne schriftliche Genehmigung des Verlages
reproduziert, vervielfältigt oder verbreitet werden

Einband- und Reihengestaltung
Akut Werbung GmbH, Dortmund
Herstellung: Pustet, Regensburg
Printed in Germany

Topos plus – Bestellnummer: 3-7867-8368-3

Wohl den Menschen, die Kraft finden in dir,
wenn sie sich zur Wallfahrt rüsten.
Ziehen sie durch das trostlose Tal,
wird es für sie zum Quellgrund,
und Frühregen hüllt es in Segen.
Sie schreiten dahin mit wachsender Kraft;
dann schauen sie Gott auf dem Zion.

Psalm 84,6–8

Inhalt

EINLEITUNG 11

ERSTER TEIL:
KURZE GESCHICHTE DER WALLFAHRT

I. Wallfahrten in den großen
   Weltreligionen 15

II. Wallfahrten in vorchristlicher Zeit 18

III. Wallfahrten im Judentum 21

IV. Die christliche Wallfahrt 23
   1. Die Wallfahrt im Neuen Testament 23
   2. Die Entwicklung der Wallfahrt
      in der Alten Kirche 26
   3. Die Wallfahrt im Mittelalter 28
   4. Die Wallfahrt in der Zeit der Gegenreformation . . . 34
   5. Die Wallfahrt in der Zeit der Aufklärung 36
   6. Erneutes Aufblühen der Wallfahrt
      in der Romantik 37
   7. Rückgang und Wiederaufleben
      in der nachkonziliaren Phase 39
   8. Kirchliche Stimmen zur Wallfahrt 43

ZWEITER TEIL: WALLFAHRTSFRÖMMIGKEIT

I. Wallfahrt als Symbol für das Leben 49
   1. Aufbruch 49

2. Weg 52
3. Ankunft 55
4. Abschied 58

II. Unterschiedliche Wallfahrtsstätten 60
1. Christuswallfahrtsorte 61
2. Marienwallfahrtsorte 63
3. Wallfahrtsorte der Heiligen 65

III. Formen der Frömmigkeit
am Wallfahrtsort und auf dem Weg 68
1. Die Feier der Eucharistie 68
2. Der Empfang des Bußsakramentes 70
3. Besondere Frömmigkeitsformen 72
   a) Das Rosenkranzgebet 72
   b) Der Kreuzweg 74
   c) Wallfahrtsgebete und Wallfahrtslieder 76

IV. Zeichen und Andenken 79
1. Wallfahrtsfahnen 80
2. Abzeichen 82
3. Kerzen 84
4. Devotionalien 86

DRITTER TEIL:
PRAKTISCHE DURCHFÜHRUNG
VON WALLFAHRTEN

I. Verschiedene Formen 91
1. Traditionswallfahrten der Fußpilger 91
2. Neue Formen von Fußwallfahrten 95
3. Radfahrerwallfahrten 97

4. Wallfahrten mit modernen Verkehrsmitteln 99

5. Fernwallfahrten zu internationalen Wallfahrtsstätten 101

II. Vorbereitung und Durchführung 105

1. Praktische Vorbereitung und Werbung 106
2. Das Thema 109
3. Gebete und Lieder 110
4. Die Nachbereitung 113

III. Wallfahrten verschiedener Gruppen 114

1. Kinderwallfahrten 115
2. Ministrantenwallfahrten 116
3. Jugendwallfahrten 118
4. Familienwallfahrten 121
5. Frauen- und Männerwallfahrten 123
6. Seniorenwallfahrten 125
7. Krankenwallfahrten 127

LITERATUR 131

ADRESSEN 133

Einleitung

Während die Zahlen der Gottesdienstbesucher und der engagierten Christen in ganz Europa immer mehr zurückgehen, kommen nach wie vor zahlreiche Pilger zu den großen und kleinen Wallfahrtsorten, die es auf der ganzen Welt gibt. Es sind nicht nur die Alten, die sich zu Fuß oder mit einem Verkehrsmittel auf den Weg machen, sondern auch viele junge Menschen, die sonst in unseren Gottesdiensten weitgehend fehlen. Auch werden nicht nur christliche, geschweige denn nur katholische Wallfahrtsstätten besucht – überall gibt es sie, die Orte, an denen sich Menschen einer Gottheit oder einem Heiligen besonders nahe glauben und sie deshalb immer wieder aufsuchen. Waren es ursprünglich Quellen, Bäume, Haine oder Berge, zu denen man pilgerte, so wurden es im Laufe der Zeit Säulen, Götterbilder, Tempel und im christlichen Raum Kreuze, Gräber und Reliquien der Heiligen sowie Kultbilder, die man oft in Kapellen oder großen Kirchen verehrte.

Im Gegensatz zu anderen Sprachen gibt es im Deutschen für ein solches „Sich-auf-den-Weg-Machen" zwei Begriffe: *pilgern* und *wallfahren*. Während sie in der heutigen Umgangssprache oft ausgetauscht werden, sind ihre Ursprünge doch recht unterschiedlich. Das Wort *pilgern* geht auf das lateinische Verbum „perigere" zurück, was soviel bedeutet wie „jenseits des eigenen Ackers in der Fremde sein". Dagegen läßt sich *wallfahren* auf den deutschen Begriff „wallen" zurückführen, der im süddeutschen, vor allen Dingen aber im fränkischen Bereich noch heute üblich ist und soviel wie „wandern" und „reisen" bedeutet. Der langjährige Münsteraner Kirchengeschichtler und Patrologe Bernhard Kötting, der selber eines der Hauptwerke über die christliche Wallfahrt geschrieben hat (Peregrinatio religiosa, Aschendorff Verlag, Münster ²1980), unterscheidet zwischen *Wallfahrern*, die ihren Wohnort verlassen und eine heilige Stätte aufsuchen, um dort zu beten, und dann wieder in ihre Heimat zurückkehren, und den *Pilgern*, die zu einem heiligen Ort, etwa zu einem Märtyrergrab, kommen und dort bis zu ihrem Tod bleiben, um sich an dieser Stätte auch begraben zu lassen. Dadurch erhofften sie sich die besondere Fürsprache der Heiligen (vgl. Bernhard Kötting, Christliche Wallfahrt, in: Susanne Hansen [Hrsg.], Die deutschen Wallfahrtsorte, Pattloch Verlag, Augsburg 1990, S. VII.). Der Friedhof Campo Santo Teutonico in Rom neben dem Petersdom ist in seinen Ursprüngen darauf zurückzuführen, dass die Pilger in der Nähe des Petrusgrabes selber bestattet werden wollten. Heute jedoch sind die beiden Begriffe *wallfahren* und *pilgern* weitgehend austauschbar.

Wallfahrten und Pilgerreisen können in ihrem Verlauf sehr unterschiedlich sein. Nicht nur in der Vergangenheit, sondern auch heute machen sich Pilger allein oder mit Weggefährten monate- oder gar jahrelang auf den Weg nach Rom, Santiago de Compostela oder nach Jerusalem. Während in der Vergangenheit wegen der Unsicherheiten der Wege, der zahlreichen Räuber oder der vielen Seuchen eine solche Fahrt immer ein Unternehmen auf Leben und Tod bedeutete, ist dies heute nur mit wenigen Gefahren verbunden. Telefon, gut ausgebaute Straßen und Wege, aber auch eine gute medizinische Versorgung und ein Netz von Krankenhäusern mindern die Gefahren. Zudem benutzen viele Wallfahrer das eigene Auto, den Bus, die Bahn oder das Flugzeug, wenn es sich um Fernwallfahrten handelt. Während im Mittelalter die Einzelwallfahrt eine große Rolle spielte, sind heute die meisten Wallfahrten Gruppenunternehmungen. Dies gilt für die Pilgerreisen zu einem weit entfernten internationalen Wallfahrtsort ebenso wie für Wallfahrten zu Zielen, die in der Nähe liegen und zu deren Besuch Gemeinden, kirchliche Verbände und Gruppen einladen.

Zahlreiche christliche Wallfahrten sind im Lauf der Zeit erloschen, so die alten Wallfahrten im Vorderen Orient, wo das Christentum durch den Islam verdrängt wurde. Auch in den nördlichen Ländern und in den nördlichen und östlichen Gebieten Deutschlands ist das Wallfahrtswesen weitgehend verschwunden, weil nach der Reformation im Protestantismus diese Form der Volksfrömmigkeit zunächst abgelehnt wurde. Erst in jüngster Zeit werden auch im evangelischen Raum vorsichtig Versuche unternommen, einen neuen Zugang zur Wallfahrt zu erhalten und dabei dem Unterwegssein des Menschen wieder eine neue Bedeutung zuzumessen.

Neben zahlreichen Wallfahrtsorten in den Ostkirchen, in denen häufig die Bilder der Gottesmutter und anderer Heiliger verehrt werden, ist Walsingham, das „englische Nazareth", eine Pilgerstätte, die von Katholiken, Anglikanern und auch von Christen anderer Bekenntnisse aufgesucht wird. Als Besonderheit hat Walsingham zwei Wallfahrtskirchen, eine katholische und eine evangelische. In jeder wird ein Gnadenbild der Mutter Jesu mit ihrem Kind verehrt. Das kleine Marienheiligtum in Ephesus in der heutigen Türkei wird nicht nur von Christen der westlichen und östlichen Kirche besucht, hier beten auch Moslems, die Maria, die Mutter des von ihnen als Prophet verehrten Jesus, anrufen.

Auf der gesamten Erde bei Christen und Nichtchristen gibt es Wallfahrtsorte, zu denen sich Menschen von nah und fern auf den Weg machen. Viele haben nur lokale Bedeutung, andere sind international bekannt. Ob im Christentum oder in anderen Religionen, Wallfahrten sind überall zu finden und werden allerorten gepflegt. Sie sind eine urmenschliche Gebärde derer, die sich hier auf dem Weg wissen und einem Ziel entgegengehen.

ERSTER TEIL

Kurze Geschichte der Wallfahrt

I. Wallfahrten in den großen Weltreligionen

In unserem Raum bezeichnen wir die Wallfahrt fast immer wieder als eine Form katholischer Frömmigkeit. Dabei ist sie in allen großen Weltreligionen als Ausdruck religiösen Tuns zu finden. Besonders in Notsituationen, in Kriegsgefahren, bei Krankheiten und in anderen Nöten haben Menschen ihre Zuflucht zum Überirdischen genommen und um Hilfe gerufen.

Auch heute kommen in aller Welt Pilger an ihren Wallfahrtsstätten zusammen. „In einer Anzahl von nichtchristlichen Religionen stellen Wallfahrten zu Erinnerungsstätten oder Orten, an denen man sich dem göttlichen Wesen besonders nahe zu sein glaubt, einen Ausdruck des religiösen Lebens dar" (Egon Mielenbrink, Zur Wallfahrt heute, in: Sein und Sendung, 1973, S. 211). So ist die Wallfahrt auch in unseren Tagen für viele Christen und Anhänger anderer Religionen Zeichen eines lebendigen Glaubens, einer tiefen Sehnsucht des Menschen nach Heil und damit letztlich nach Gott selbst.

Alle, die eine wirkliche Wallfahrt unternehmen und nicht nur aus touristischem Interesse reisen, tun dies, um ihren Glauben zu bekunden. Sie hoffen darauf, an bestimmten Orten dem Göttlichen näher zu sein und so eher die Erfüllung ihrer Bitten zu erlangen als an den übrigen Orten der Welt. Bernhard Kötting weist in seinem Werk „Peregrinatio religiosa" (Aschendorff Verlag, Münster ²1980, S. 1 f.) darauf hin, daß sowohl im christlichen wie im außerchristlichen Raum die Rechtfertigung der Wallfahrt darin bestehe, daß das Göttliche an einem bestimmten Ort zu einer bestimmten Zeit unter den Menschen erschienen sei. Für die Christen ist Gott in Jesus Christus Mensch geworden. Für Anhänger anderer Religionen scheint das Göttliche, wie etwa im Buddhismus oder auch im Hinduismus, in unterschiedlichen, nicht nur menschlichen Gestalten auf oder inkarniert sich gar in ihnen.

Im *Hinduismus*, der großen Religion Indiens, in dessen religiösen Praktiken sich die unterschiedlichsten Formen von Zauber, Magie und Aberglaube bis zu vergeistigter Mystik finden lassen, spielt der Gedanke des Weges eine besondere Rolle. Der Glaube an die Wiedergeburt und die anderen Vorstellungen von Erlösung unterscheiden sich wesentlich von der christlichen Erlösungslehre. Für den Hindu ist das gesamte Leben durch die Religion bestimmt. Deshalb ist sein Lebensweg immer ein Weg auf die Vollendung hin. Da die Tempel nicht in erster Linie, wie in den drei monotheistischen Religionen, Versammlungsstätten der Glaubenden sind, sondern Wohnstätten eines Götterbildes, pilgern die Anhänger dieser Religion allein oder in Gemeinschaft dorthin.

Auch der Kult ist sehr vielfältig und reicht vom Schmücken des Bildes über Tanz, Gesang und lautem Gebet bis zur stillen Versenkung in der Meditation. Eigentliche Gottesdienste finden nur an den Festtagen statt, an denen Scharen von Menschen dorthin pilgern, um daran teilzunehmen.

Der größte Wallfahrtsort der Hindureligion ist Benares am Ganges, zu dem Jahr für Jahr Hunderttausende von Pilgern kommen, um zu beten und durch ein Bad im Fluß die Vergebung der Sünden zu erlangen. Es ist der Wunsch vieler Hindus, hier zu sterben und so die endgültige Erlösung zu erreichen (vgl. Werner Trutwin, Licht vom Licht. Religionen in unserer Welt, Patmos Verlag, Düsseldorf 1976, S. 211–215).

Auch der *Buddhismus* mit seinen unterschiedlichen Richtungen kennt die Wallfahrt. So kommen besonders zu den Festen die Anhänger dieser Religion zu den Tempeln, um dort zu beten und ihre Anliegen vorzutragen. Sie entzünden Weihrauchstäbchen und bringen Opfer, weil sie sich an diesen Orten ihren Gottheiten besonders nahe glauben. Der Weg der Erlösung ist der achtteilige Pfad, auf dem der Mensch dem Kreislauf vom Werden und Vergehen entrinnt, um schließlich in das Nirwana, in das Verlöschen, einzugehen.

Nicht nur ein frommer Brauch wie im Christentum ist die Wallfahrt im *Islam:* Sie ist eine heilige Verpflichtung eines jeden männlichen erwachsenen Moslems. Die 22. Sure des Korans schreibt vor, daß jeder männliche Gläubige, der nicht aus gesundheitlichen oder aus finanziellen Gründen daran gehindert ist, wenigstens einmal im Leben nach Mekka pilgern muß. Mohammed selbst hat mit dieser Wallfahrt alte arabische Bräuche wieder aufgenommen.

So bringt die Wallfahrt nach Mekka in besonderer Weise dem Pilger die Glaubensauffassung des Propheten nahe. Und zugleich wird das, was gerade die christliche Wallfahrt heute so anziehend macht, nämlich die Gemeinschaftserfahrung, auch den Muslimen durch den gemeinsamen Pilgerweg deutlich. Siebenmal umschreiten die Mekkapilger die Kaaba, das würfelförmige Heiligtum im Hof der großen Moschee, um anschließend den schwarzen Stein zu berühren oder zu küssen und gerade hier zu bekennen, was alle gläubigen Moslems jeden Tag mehrere Male bekennen, daß Allah der Eine ist.

Ein zweiter Höhepunkt der Mekkawallfahrt ist acht Tage später der Weg zum „Hügel der Gnade", auf dem Mohammed seine Abschiedspredigt gehalten hat. Auf dem Rückweg nach Mekka wird ein Opfer dargebracht, indem ein Tier geschlachtet wird, das einzige Opfer, das der Islam kennt. Jetzt wird das Festmahl gehalten und ein Freudenfest gefeiert, das drei Tage dauert. Das Pilgergewand, das eigens auf der Wallfahrt getragen wird, kann nun wieder abgelegt werden. Bart und Haare, die die Männer während der Zeit der Pilgerfahrt nicht scheren lassen dürfen, können jetzt wieder geschnitten werden. Noch einmal besucht der Pilger vor der Heimreise das Heiligtum und umschreitet wieder siebenmal die Kaaba.

Die Wallfahrt nach Mekka ist für gläubige Moslems die bewegendste Begebenheit in ihrem religiösen Leben. Wer an dieser Wallfahrt teilgenommen hat, darf den Titel „Hadschi" führen. Der Besuch anderer Heiligtümer, wie Medinas, des langjährigen Wohn- und Sterbeortes des Propheten, oder des Felsendoms in Jerusalem zur Erinnerung an die legendäre Himmelfahrt Mohammeds, treten, im Vergleich zur Wallfahrt nach Mekka, weit zurück (vgl. Werner Trutwin, Licht vom Licht, a.a.O., S. 131–134).

II. Wallfahrten in vorchristlicher Zeit

Die Christen griffen bei der Wallfahrt auf ältere Formen, vor allem der griechischen Antike und des Judentums, zurück. Der gesamte heidnisch-vorchristliche Raum um das Mittelmeer war religiös geprägt von den Griechen, die Tempel errichteten, in denen sie zu ihren Göttern beteten. Auch besaßen sie eine Anzahl von Kultorten, in denen sie sich dem göttlichen Wesen besonders nahe glaubten und die Götter durch Gebete und Opfergaben günstig stimmen wollten, damit sie sich ihres Beistandes gewiß waren. Besonders in Notzeiten haben sie hier ihre Zuflucht genommen, in Hungersnöten und Kriegsgefahren, bei Seuchen und Naturkatastrophen. Und selbstverständlich kamen sie auch mit ihren persönlichen Anliegen. Da der griechische Götterhimmel viele Gottheiten kannte, hatte man auch für jede Krankheit und Not einen besonderen Gott oder eine Göttin, an die man sich wandte. Dies ist vergleichbar mit der Art von Heiligenverehrung, bei der in bestimmten Nöten die entsprechenden Heiligen angerufen werden.

Für die Götter und Göttinnen, Halbgötter und Heroen wurden Tempel und Standbilder errichtet, zu denen die von Nöten Bedrängten kamen. Geschahen irgendwo außergewöhnliche Zeichen, sprach sich dies schnell herum. Aus der Umgebung, mit der Zeit auch aus der Ferne, machte man sich zu Fuß oder auch mit damaligen Verkehrsmitteln auf den Weg. So wurde aus einer solchen Stätte ein Wallfahrtsort, zu dem man pilgerte, um durch Gebet und Opfer die Erfüllung der Wünsche zu erhalten.

Besonders drei Wallfahrtsstätten waren es, die in der damaligen Zeit internationale Bedeutung hatten und von Pilgern aus dem gesamten Mittelmeerraum aufgesucht wurden:

Da war zunächst *Epidaurus* auf der Peloponnes am Saronischen Meerbusen. Hier wurde das Hauptheiligtum des griechischen Heilgottes Asklepios aufgesucht. Neben Epidaurus zählt man noch 200 weitere Wallfahrtsorte, die dem Heilgott geweiht waren. Epidaurus aber war das „Lourdes der Antike". Wie in dem Marienwallfahrtsort am Fuß der Pyrenäen brachte man auch hierhin die Kranken, die an allen möglichen Beschwerden litten und von dem Gott durch einen Traum in einem Heilschlaf Genesung erhofften. Von überall her, nicht nur aus dem griechischen Raum, kamen die Pilger; oft waren sie Wochen oder gar Monate mit dem Schiff unterwegs.

Eine andere bedeutende Stätte war das Heiligtum des Gottes Apollo in *Delphi* im Landesinnern Griechenlands in einer bergigen Gegend. Hier wurde die wahrsagende Pythia, die ein Orakel des Gottes verwaltete, um Rat gefragt. Ob es um eine Staatskrise, um den Ausgang eines heranziehenden Krieges, um die Erfüllung des Kinderwunsches ging oder um eine andere Privatangelegenheit, immer erforschte man den verhüllten Spruch der Seherin. Übrigens finden wir schon hier die Wallfahrt zu einer lebenden Person, die den Willen des Gottes kundgab, wie wir sie später auch im Christentum kennen, ob zu den Säulenstehern der östlichen Kirche im christlichen Altertum oder zu den Stigmatisierten in der jüngeren Zeit, wie zum italienischen Kapuzinerpater Pio oder zu Theresia Neumann in Konnersreuth.

Eines der größten Wallfahrtsheiligtümer der antiken Welt war in *Ephesus*, damals die Hauptstadt der kleinasiatischen Provinz. Hier wurde das Bild der Göttin Artemis verehrt, das vom Himmel gefallen sein soll. Die neue Lehre des Christentums, die vor allen Dingen der Apostel Paulus in der heidnischen Welt verbreitete, entfachte hier einen großen Aufruhr, weil man befürchtete, die Wallfahrten oder überhaupt die Verehrung der Göttin würden zurückgehen, wenn sich die Menschen dieser neuen Botschaft anschließen würden. Vor allen Dingen die Silberschmiede, die als Devotionalien kleine Bildnisse der Göttin herstellten, befürchteten einen Rückgang des Umsatzes (vgl. Apg 19, 21–40).

Der Tempel der Göttin war eines der sieben Weltwunder der Antike. Aus der gesamten damals bekannten Welt kamen Pilger hierhin, um das Bild der Artemis, deren zahlreiche Brüste ein Symbol für Fruchtbarkeit waren, zu verehren. Besonders an den Festtagen fanden prächtige Prozessionen und Feiern statt.

III. Wallfahrten im Judentum

Den größten Einfluß auf die christliche Wallfahrt hatte die Wallfahrt des alttestamentlichen Volkes Israel, von der wir vor allen Dingen aus den alttestamentlichen Schriften, aber auch aus den Evangelien Kenntnis besitzen.

Nachdem es in der Zeit der Landnahme unter den Richtern verschiedene Heiligtümer wie Bet-El, Schilo und Beerscheba gab, bildete sich in späterer Zeit als einzige Kult- und Wallfahrtsstätte Jerusalem mit seinem Tempel heraus. Sicher mag hierbei auch der starke Zentralismus des Königtums, von David angefangen, eine Rolle mitgespielt haben. Der Tempel in Jerusalem wurde zum einzigen Ort, an dem Opfer dargebracht wurden. Zwar hatte jeder Ort in Israel seine Synagoge, doch sie war nur Gebetsstätte der Gemeinde, an der man sich am Sabbat zum Gottesdienst versammelte.

Zu Pfingsten und zum Laubhüttenfest, besonders aber zum Paschafest war Jerusalem überfüllt von Pilgern. Sie brachten im Tempel Opfer dar, schlachteten die Paschalämmer und hielten anschließend das Paschamahl zur Erinnerung an die größte Heilstat Gottes an seinem Volk, als er Israel aus Ägypten führte und das „Volk Gottes auf dem Weg" nach vierzigjähriger Wüstenwanderung im Land der Verheißung ankam. Die Wallfahrten fanden zum ersten Tempel statt, den König Salomo in Jerusalem errichten ließ. Hauptstadt und Tempel wurden durch die Babylonier 586 v. Chr. zerstört und das Volk in die Gefangenschaft nach Babylon geführt, doch nach der Gefangenschaft wurde der Tempel neu errichtet und die Wallfahrt wiederaufgenommen.

Wie im Islam heute noch die Wallfahrt nach Mekka, war die Pilgerfahrt nach Jerusalem zum Tempel eine heilige Verpflichtung eines jeden erwachsenen Juden: einige Male im Jahr für die in der Nähe von Jerusalem lebenden, einmal, möglichst zum Osterfest, für alle, die einen weiteren Weg hatten. Einmal im Leben genügte eine Wallfahrt für die in der Diaspora wohnenden Juden. Mit der Fülle der Pilger in der Stadt zu den hohen Festen hätte Jerusalem heute sicher mit den großen christlichen Wallfahrtsorten wie Guadalupe, Lourdes oder Tschenstochau an den Hauptwallfahrtstagen konkurrieren können.

Für die Wallfahrten nach Jerusalem entstanden eigene Psalmen, die unterwegs, beim Betreten der Heiligen Stadt, im Tempel und beim Abschied von Jerusalem gebetet oder gesungen wurden. Man vermutet, daß die Psalmen 120–134 Wallfahrtslieder sind. Der bekannteste unter ihnen ist der Psalm 122, der mit den Worten beginnt: „Ich freute mich, als man mir sagte: ‚Zum Haus des Herrn wollen wir pilgern.' Schon stehen wir in deinen Toren, Jerusalem: Jerusalem, du starke Stadt, dicht gebaut und fest gefügt. Dorthin ziehen die Stämme hinauf, die Stämme des Herrn, wie es Israel geboten ist, den Namen des Herrn zu preisen" (Ps 122, 1–4).

Noch heute sprechen viele Führer in Israel, auch wenn sie keine Pilger, sondern Touristen begleiten, diesen Psalm, wenn sie die Stadt Jerusalem vor sich sehen. Der Alttestamentler Artur Weiser meint, diesen Psalm hätten die Pilger wahrscheinlich beim Abschied von Jerusalem gebetet als einen Rückblick auf all die festliche Freude, die hinter ihnen liege (vgl. Die Psalmen, Verlag Vandenhoeck & Ruprecht, Göttingen ^{5}1959, S. 517).

Selbst in der Verbannung in Babylon erinnert sich der gläubige Beter an die Wallfahrt nach Jerusalem, wenn er aus der Ferne voller Wehmut betet: „Das Herz geht mir über, wenn ich daran denke: wie ich zum Haus Gottes zog in festlicher Schar, mit Jubel und Dank in feiernder Menge" (Ps 42, 5).

Die Schriften des Jesaja machen deutlich, daß Jerusalem als Symbol der Einheit in Gott in der Endzeit nicht nur auf das auserwählte Volk beschränkt bleibt: „Viele Nationen machen sich auf den Weg. Sie sagen: Kommt, wir ziehen hinauf zum Berg des Herrn und zum Haus des Gottes Jakobs. Er zeige uns seine Wege, auf seinen Pfaden wollen wir gehen" (Jes 2, 3). Im 60. Kapitel des Buches wird das Thema der Völkerwallfahrt nach Jerusalem erneut aufgenommen: „Auf, werde licht, denn es kommt dein Licht, und die Herrlichkeit des Herrn geht leuchtend auf über dir. Denn siehe, Finsternis bedeckt die Erde und Dunkel die Völker, doch über dir geht leuchtend der Herr auf, seine Herrlichkeit erscheint über dir. Völker wandern zu deinem Licht und Könige zu deinem strahlenden Glanz" (Jes 60, 1–3). Für die Christen wird sich dieses Bild im Heilsgeschehen des Christusereignisses, seiner Geburt, seinem Leben, seinem Sterben und seiner Auferstehung und schließlich in seiner zweiten Ankunft am Ende der Tage, erfüllen.

IV. Die christliche Wallfahrt

Elemente aus der Wallfahrt des Judentums, aber auch aus der des griechischen Heidentums spielen vor allem in den ersten Jahrhunderten nach Christus eine bedeutende Rolle für die christliche Wallfahrt. Neben heidnischen Pilgerorten wie Ephesus, die zu christlichen Wallfahrtsorten umgestaltet wurden, erlangte Jerusalem sehr schnell besondere Bedeutung für die christlichen Pilger. Und selbst in unseren Tagen werden bei Wallfahrten noch immer die alttestamentlichen Wallfahrtspsalmen gebetet.

1. Die Wallfahrt im Neuen Testament

In die jüdische Wallfahrt zum Tempel nach Jerusalem ordnete sich auch Jesus selbst ein. So berichtet das Lukasevangelium, wie der Zwölfjährige während einer Wallfahrt zur Hauptstadt im Tempel zurückblieb, um dort mit den Schriftgelehrten zu diskutieren. Das Wort an Maria und Josef: „Wußtet ihr nicht, daß ich in dem sein muß, was meinem Vater gehört?" (Lk 2, 49) weist auf die Würde des Heiligtums als Eigentum Gottes hin. Auch während seines öffentlichen Wirkens ist Jesus mit seinen Aposteln verschiedene Male zur Wallfahrt nach Jerusalem aufgebrochen, wie das Johannesevangelium berichtet. Während einer Osterwallfahrt hat er sein irdisches Leben am Kreuz beendet, um nach drei Tagen vom Tod zum Leben erweckt zu werden.

Überhaupt spielt das Unterwegssein im gesamten Neuen Testament eine große Rolle, ob in der Kindheitsgeschichte der Weg Marias zu ihrer Verwandten Elisabet, ob die Geburt des Messias unterwegs, ob der Weg der Magier aus dem Orient zum „neugeborenen König", das Leben und das Wirken Jesu als Wanderprediger bis zur letzten Wallfahrt nach Jerusalem und der letzten Strecke seines Weges, den wir Kreuzweg nennen und dessen Ziel Golgota heißt. Auch als Auferstandener ist er mit den Jüngern auf dem Weg und erschließt sich ihnen im Gespräch, bis er schließlich das Brot bricht und ihnen die Augen des Glaubens aufgehen (vgl. Lk 24, 13–35).

So ist es auch nicht verwunderlich, daß die Apostelgeschichte als einen Namen für die junge Gemeinde, die Kirche, den Ausdruck „der neue Weg" verwendet (Apg 19, 9). Alle, die sich auf den Weg der Nachfolge Jesu begeben haben, gehen hinter ihm her und wissen sich in ihm geeint. Er ist den harten und schmalen Weg vorausgegangen, den einzigen, der zum Ziel führt. Seine Jünger wollen ihm folgen und werden dann auch an dem endgültigen Ziel ankommen und an seiner Verherrlichung teilnehmen. Der Gedanke des Weges taucht in zahlreichen Schriften des Neuen Testaments auf (Mt 7, 14; Joh 14, 4–6; Apg 2, 28; Hebr 10, 20). Der Weg des Christen hat sein Ziel in der Vollendung bei Gott.

In den Abschiedsreden des Johannesevangeliums bezeichnet Jesus sich selbst als den Weg, so wie er an anderen Stellen des vierten Evangeliums von sich als Brot, als guter Hirt, als Tür oder als Licht spricht. In dem Wegwort aus den Abschiedsreden setzt er noch zwei weitere Begriffe hinzu: Wahrheit und Leben. Auf die Frage des Thomas nach dem rechten Weg antwortet Jesus: „Ich bin der Weg und die Wahrheit und das Leben" (Joh 14, 6). Rudolf Schnackenburg schreibt dazu: „Dadurch, daß Jesus die zum Ziel führende Wahrheit offenbart und dem, der sie im Glauben annimmt und verwirklicht, das wahre Leben vermittelt, führt er jeden, der an ihn glaubt, zum Ziel seiner Existenz, zum Vater, und so wird er zum Weg" (Das Johannesevangelium, III, in: Herders theologische Kommentare zum Neuen Testament, Verlag Herder, Freiburg ²1976, S. 75).

Christus ist der Weg, weil er selbst den Lebensweg als Mensch gegangen und nun am Ziel ist. Wenn wir in seiner Nachfolge den Weg gehen, erreichen auch wir das Ziel, den Vater, die Wohnungen im Hause des Vaters, die er uns bereitet. Nur über ihn, den Weg, kommen wir an das Ziel.

Im Hebräerbrief wird die christliche Gemeinde wesentlich von ihrem Unterwegssein her gesehen; er ist „eine Mahnrede zur Ermutigung der Gemeinde auf dem Weg", wie Elisabeth Fiorenza schreibt (in: Josef Schreiner/Gerhard Dautzenberg [Hrsg.], Gestalt und Anspruch des Neuen Testaments, Echter Verlag Würzburg 1969, S. 270 f.). Christus geht der Kirche den Weg voran, den schon vorher eine „Wolke von Zeugen" (Hebr 12, 1) als Glaubende gewandert ist: die großen alttestamentlichen Gestalten, angefangen mit Abel. Sie sind „Fremde und Gäste auf Erden. Mit diesen Worten geben sie zu erkennen, daß sie eine Heimat suchen" (Hebr 11,13 f.). Christus ist gekommen, um den Weg des Leids zu gehen. Von daher gibt der Verfasser des Hebräerbriefes auch an die Gemeinde die Weisung: „Laßt uns also zu ihm vor das Lager hinausziehen und seine Schmach auf uns nehmen. Denn wir haben hier keine Stadt, die bestehen bleibt, sondern wir suchen die künftige" (Hebr 13,13 f.). Wer den Weg wie Jesus geht, kommt an das Ziel.

2. Die Entwicklung der Wallfahrt in der Alten Kirche

Im Anfang der Kirche in der apostolischen Zeit und auch in den beiden folgenden Jahrhunderten gab es noch keine Wallfahrten im Christentum. Waren die Juden früher regelmäßig zum Tempel nach Jerusalem gepilgert, so spielt dieser für die christliche Gemeinde eine immer geringere Rolle. Nahmen die Christen zunächst in Jerusalem auch noch am Tempelgottesdienst teil, wie in der Apostelgeschichte deutlich wird (Apg 3,1; 2,46), so ging der Tempelbesuch mit der Ausbreitung des Christentums in den Mittelmeerländern auch für die Judenchristen zurück.

Im Jahre 70 wurde Jerusalem mit seinem Tempel restlos zerstört. Die Juden wurden über die ganze Welt zerstreut. An die Stelle des zerstörten Jerusalems trat nun das neue Jerusalem, wie die Kirche in der Offenbarung des Johannes bezeichnet wird (Offb 3,12; 21,2). Diese Sicht hat für die christliche Wallfahrt eine große Bedeutung, da jeder „Wallfahrtsort auch Symbol für das himmlische Jerusalem, für das Ankommen bei Gott ist", wie Anselm Grün feststellt (Auf dem Wege. Zu einer Theologie des Wanderns, Vier Türme Verlag, Münsterschwarzach 1983, S. 35).

Erst mit Beginn des 4. Jahrhunderts kann man von christlicher Wallfahrt sprechen, auch wenn einzelne Persönlich-

keiten aus dem Osten schon vorher hin und wieder eine Reise in das Heilige Land unternahmen. Man besuchte besonders die Orte aus dem Leben Jesu, seinen Geburtsort Betlehem und vor allem die Stätten seines Leidens, sein Grab und den Ort am Ölberg, an dem man seine Himmelfahrt verehrte. Auch bestimmte Stätten, die für das Alte Testament Bedeutung hatten, wie der Berg Sinai als Ort der Gesetzgebung, wurden von Pilgern – einzeln oder in kleinen Gruppen – besucht. An all diesen Pilgerorten wurde gebetet, weil man sich an diesen Stätten der Erinnerung Gott besonders nahe glaubte. Es war das gleiche Grundmotiv, was auch in anderen Religionen Menschen zu einer Wallfahrt anregt. Berichte aus dieser Zeit, die der „Pilger von Bordeaux" oder die Pilgerin Egeria geschrieben haben, geben über den Verlauf einer solchen Pilgerfahrt Auskunft.
Schon in verhältnismäßig früher Zeit wurden von Christen die Gräber der Apostel und Märtyrer verehrt. Die Apostel als Begründer der ältesten christlichen Gemeinden starben der Überlieferung nach – hier vermischen sich häufig geschichtliche Tatsachen mit Legenden – als Blutzeugen. Nur einer unter den Zwölfen, Johannes, wird nicht als Märtyrer verehrt. Doch auch sein Grab erfreute sich, wie das Marienheiligtum, in Ephesus großer Beliebtheit.
Früh setzte sich in der Kirche die Meinung durch, daß alle, die um ihres Glaubens willen das Martyrium erdulden, sofort nach ihrem Tod an der Herrlichkeit Gottes teilnehmen. Nicht nur ihr Vorbild als Zeugen des Glaubens, sondern nun auch ihre Nähe zu Christus in seiner Vollendung brachte es mit sich, daß ihre Fürsprache angerufen wurde. Die Stadt, die das Grab eines Märtyrers oder gar des Gründers einer christlichen Gemeinde besaß, schätzte sich besonders glücklich. Dabei mag auch eine Rolle gespielt haben, daß die Christen – die in den ersten Jahrhun-

derten der Kirche unter einer überwiegend heidnischen Bevölkerung lebten, die eine Vielzahl von Göttern verehrte, während die Christen, wie die Juden, nur den einen Gott anbeteten – durch die Verehrung der Märtyrer, der Helden des Christentums, den Heiden hier einen Zugang zum christlichen Glauben ermöglichten. Eine direkte Wallfahrtsbewegung zum Grab eines Heiligen entwickelte sich erst im Laufe der Zeit.

Neben einer Reihe von Wallfahrten zu Gräbern der Märtyrer im christlichen Osten und in Nordafrika war vor allen Dingen Rom das Ziel vieler Pilger, der Ort, an dem die Gräber der Apostel Petrus und Paulus und auch anderer Märtyrer verehrt werden. So wurde Rom der Hauptwallfahrtsort des christlichen Abendlandes.

3. Die Wallfahrt im Mittelalter

Mit der ständig wachsenden Bedeutung des Bischofs von Rom und dem Erstarken des Papsttums wurde der Besuch der Ewigen Stadt vom Mittelalter an besonders gefördert. Bonifaz VIII., der den Niedergang der weltlichen Herrschaft des Papsttums einleitete, rief 1300 das erste Jubiläumsjahr oder Heilige Jahr aus, das zunächst alle 100, dann alle 50 und schließlich alle 25 Jahre begangen wurde. Für dieses Jubiläumsjahr schrieb der Papst einen eigenen Ablaß aus, durch den jedem, der in dem Jubiläumsjahr nach Rom pilgerte, dort eine Anzahl von Kirchen besuchte und in ihnen betete, der Nachlaß von Sündenstrafen gewährt wurde.

Der mittelalterliche Mensch, der häufig von einer großen Heilsangst erfaßt war, nahm die Gelegenheit zu einer Wallfahrt gern wahr. Sie bedeutete für ihn ein großes Zeichen der Buße, die er auf sich nahm, um dadurch die Versöhnung mit Gott zu erbitten und einmal dann auch die Herrlichkeit bei ihm zu erreichen.

Neben Rom war im Mittelalter das Grab des heiligen Jakobus in Santiago de Compostela in Spanien das Ziel einer großen Wallfahrt. Hierhin führten besondere Pilgerstraßen aus den verschiedenen Ländern Europas. Der Santiago-Pilger trug als Zeichen seiner Pilgerschaft die sogenannte Jakobsmuschel. Nachdem diese Wallfahrt über einige Jahrhunderte für Länder außerhalb Spaniens fast ganz zum Erliegen gekommen war, wurde sie in unseren Tagen wieder neu entdeckt und zieht heute besonders viele junge Menschen an.

Das einzige Apostelgrab in Deutschland ist das Grab des heiligen Matthias in der gleichnamigen Abtei in Trier. Um es zusammen mit dem Heiligen Rock, dem Leibgewand Jesu, der in unbestimmten Zeitabständen im Trierer Dom gezeigt wurde, zu besuchen, zogen vom Mittelalter an Scharen von Pilgern in die älteste deutsche Bischofsstadt, die durch ihre günstige Lage auch zahlreiche Wallfahrer aus dem Ausland anlockte.

Der Heilige Rock ist eine der besonders im Mittelalter hochverehrten Reliquien. Neben den Körperreliquien, wie Knochen der Heiligen, galten besonders die Gegenstände als Reliquien, die Christus oder die Heiligen während ihres Lebens getragen oder in Gebrauch hatten, etwa der in Trier verehrte Rock Christi oder die Heiligtümer in Aachen, die im Abstand von sieben Jahren noch heute gezeigt werden: das Kleid der Gottesmutter, die Windeln und das Lendentuch Christi sowie das Enthauptungstuch des Täufers Johannes. Aachen war der im Mittelalter am meisten besuchte Wallfahrtsort in Deutschland. So stellt Alfred Läpple fest: „1469 sollen es 146 000 Pilger gewesen sein, die von weither zu diesen drei Wallfahrtsstätten (Aachen, Kornelimünster, Maastricht) kamen, wobei vielfach auch noch die

Heiligtümer in Trier, Köln und Düren besucht wurden" (Reliquien. Verehrung, Geschichte, Kunst, Pattloch Verlag, Augsburg 1990, S. 56).

Unter allen Reliquien waren Splitter vom heiligen Kreuz Christi, das die heilige Helena, die Mutter Kaiser Konstantins, in Jerusalem aufgefunden hatte, die wertvollsten. Es war selbstverständlich, daß man für sie kostbare Gefäße schuf. Häufig waren es goldene, mit Edelsteinen besetzte Kreuze. Man errichtete Kirchen, zu denen Pilger aus der näheren und weiteren Umgebung kamen, um die Kreuzesreliquie zu verehren. Über das gesamte christliche Abendland erstreckten sich im Mittelalter Kreuzwallfahrtsorte, die von sich behaupteten, sie hätten eine wirkliche Reliquie vom Kreuz Christi.

Die Verehrung und Wallfahrt zu besonderen Reliquien aus dem Leben Jesu – Gewänder des Herrn und der Gottesmutter, Teile der Krippe oder der heiligen Stiege in Rom, auf der Jesus zu Pilatus hinaufgestiegen sein soll, bis hin zum Haus von Nazaret, das durch Engel nach Loreto in Italien getragen sein soll – hing auch zusammen mit der Kreuzzugsbewegung im Mittelalter. Wenn man das Heilige Land schon nicht auf Dauer hin mit Waffengewalt gewinnen konnte, so versuchte man doch wenigstens die Reliquien mit in die Heimat zu nehmen und dort zu verehren. Wer eine Reliquie, etwa eine Dorne aus der Krone Jesu oder einen Nagel vom Kreuz, besaß, konnte sehr leicht eine Wallfahrt ins Leben rufen.

Inwieweit Reliquien echt sind, steht auf einem anderen Blatt. Heute ist man bei vielen nicht von der Echtheit überzeugt, andere, wie das Turiner Grabtuch, werden von verschiedenen Wissenschaftlern untersucht. Gerade hier wird deutlich, wie unterschiedlich selbst die modernsten Methoden von Experten bewertet werden. Doch viele Christen in unserer Zeit, die eine Wallfahrt nach Trier, Aachen oder auch nach Köln zu den Gebeinen der Heiligen Drei Könige unternehmen, sind nicht so sehr an der Echtheit interessiert, sondern für sie sind die Reliquien heute Zeichen und Symbole göttlichen Wirkens, die sie verehren.

Eine besondere Bedeutung hatten vom ausgehenden Mittelalter an die Wallfahrtsorte, an denen eine blutige Hostie verehrt wurde. Hier sind besonders Brügge in Flandern und Walldürn, zwischen Würzburg und Heilbronn gelegen, zu nennen. Eine Fülle auch kleinerer Wallfahrtsorte, deren Entstehung sich auf eine blutende Hostie zurückführte, erstreckte sich über weite Teile Europas, vor allen Dingen im deutschen Sprachraum. Dies hatte auch mit der sich in der mittelalterlichen Theologie entwickelnden Lehre von der Realpräsenz Christi in der Eucharistie zu tun, die ja auch Grundlage für die Einführung des Fronleichnamsfestes und der damit verbundenen Prozession ist.

Oft berichten Legenden von einem Hostienfrevel durch einen Diebstahl der heiligen Gefäße, bei dem man eine oder mehrere Hostien verschüttete, die dann zu bluten begannen. Eines der großen Vergehen im Mittelalter unter dem Deckmantel der Frömmigkeit wurde dadurch begangen, daß man Hostienfrevel vorwiegend Juden zuschrieb, die man anschließend verfolgte. Wallfahrtsorte mit solchen Blutwundern erfreuten sich gerade im späten Mittelalter großer Beliebtheit. Eine Reihe von ihnen haben heute als Wallfahrtsorte keine Bedeutung mehr. Zu anderen hingegen, wie Walldürn, kommen auch heute noch zahlreiche Pilger.

Nachdem die großen Verfolgungen im Römischen Reich beendet waren und die Zahl der Märtyrer geringer wurde, verehrte man auch diejenigen, die zwar eines natürlichen Todes gestorben waren, deren Leben und Sterben aber für viele ein großes Vorbild war. Ihre Fürsprache rief man besonders an ihren Grabstätten an: Franziskus in Assisi, Antonius in Padua, Hedwig in Trebnitz und viele andere. Jedes Land, ja jedes Bistum hatte seine besonderen Heiligen, deren Grabstätten zumindest für umliegende Orte zu Wallfahrtsstätten wurden.

Wichtig für die gesamte Wallfahrtsbewegung war die Bilderverehrung. Während im Anfang innerhalb des Christentums, wie auch im Judentum, das Kultbild abgelehnt wurde, zum einen, weil das Gebot des Dekalogs, sich kein Bild von Gott zu machen, bestand, zum anderen, um Einflüsse von heidnischen Götterbildern zu vermeiden, setzte sich im Laufe der Jahrhunderte, besonders im christlichen Osten, die Bilderverehrung durch. Die Bilder Christi, seiner Mutter, der Engel und Heiligen erfuhren in östlichen Kreisen eine herausragende Verehrung, zu der es im Westen nie gekommen ist.

Im westlichen Teil der Kirche ist im Anfang Voraussetzung für die Verehrung der Bilder, daß es sich um „echte Bilder" handeln müsse. So erzählen Legenden, wie diese Bilder von Engeln oder Zeitgenossen Jesu, der Muttergottes oder der Apostel gemalt worden seien.

Für das in der römischen Basilika S. Maria Maggiore verehrte Marienbildnis „Salus Populi Romani", wahrscheinlich aus dem 12. Jahrhundert, gab man als Maler den Evangelisten Lukas an. Ihm werden noch eine Reihe anderer Marienbilder zugeschrieben, wahrscheinlich deshalb, weil in seinem Evangelium die Mutter des Herrn eine größere Rolle spielt als in den anderen. Allein in Rom sollen im Mittelalter noch sechs weitere Bilder verehrt worden sein, die auf ihn zurückgeführt werden (vgl. Eva Maria Jung-Inglessis, Römische Madonnen. Über die Entwicklung der Marienbilder in Rom von den Anfängen bis in die Gegenwart, EOS Verlag, St. Ottilien 1989, S. 138–152).

Wie in der Ostkirche, so ist auch im Westen die Verehrung der Bilder der Ursprung mancher Marienwallfahrt, wenn auch, wie Bernhard Kötting bemerkt (in: Susanne Hansen

[Hrsg.], Die deutschen Wallfahrtsorte, a.a.O., S. XVI.), bis zum Konzil von Trient keine besondere Freundlichkeit gegenüber dem Kultbild in der westlichen Kirche bestand. Die Wallfahrt zu Orten, an denen Reliquien verehrt wurden, nahm weitaus größeren Raum ein.

Die Kultbilder – in erster Linie Marienbilder, aber an verschiedenen Orten auch Bilder der heiligen Anna, der Mutter Mariens, oder anderer Heiliger wie etwa der Vierzehn Nothelfer als einer Gruppe von Heiligen, die man in Schwierigkeiten des Lebens anrief – setzten sich erst sehr langsam durch. Es gab gemalte Wallfahrtsbilder, die den Ikonen aus der Ostkirche ähnlich waren, so z.B. das Gnadenbild in Tschenstochau oder das Maria-Hilf-Bild in Passau. Sogar eine Kopie wie das kleine Bild der „Trösterin der Betrübten" in Kevelaer hatte über Grenzen hinweg einen weitaus größeren Zulauf von Pilgern als das Original in Luxemburg.

Daneben gab es eine Reihe von plastischen Darstellungen, die man bei Wallfahrten aufsuchte, so in Altötting, Einsiedeln, Werl und an vielen anderen Orten in aller Welt. Die meisten von ihnen sind Madonnen mit dem Kind auf dem Arm, vom späten Mittelalter an auch die Vesperbilder, die die Mutter mit dem toten Sohn auf dem Schoß zeigen. Sie finden wir landauf, landab als Gnadenbilder, ob im Käppele in Würzburg, in Bornhofen am Rhein oder im westfälischen Telgte. Erst sehr spät kamen die Darstellungen auf, die Maria ohne ihren Sohn zeigen, so das Gnadenbild von Neviges im Bergischen Land oder die Darstellungen an den beiden größten Marienwallfahrtsorten Europas, Lourdes in Südfrankreich und Fatima in Portugal.

Einige Wallfahrtsorte, die in ihrem Ursprung auf eine Erscheinung zurückgehen, gab es schon im Mittelalter, so Mont-Saint-Michel in der Normandie, früher ein vor allen Dingen von deutschen Pilgern aufgesuchter Gnadenort. Die

Wallfahrt dorthin ist heute fast ganz eingeschlafen und dem Tourismus gewichen. Auch die bekannte Wallfahrtsstätte Vierzehnheiligen in Oberfranken im Erzbistum Bamberg führt die Legende auf eine Erscheinung aus dem 14. Jahrhundert zurück.

4. Die Wallfahrt in der Zeit der Gegenreformation

Im Lauf des Mittelalters erbaten sich viele Wallfahrtsorte von Rom einen Ablaß für ihre Pilger. Für die Heiligen Jahre gewährte der Papst allen Pilgern, die Rom aufsuchten, einen vollkommenen Ablaß, den Nachlaß aller zeitlichen und ewigen Sündenstrafen.

Der Mißbrauch des Ablasses, eine übertriebene Verehrung von Reliquien, häufig mit magischen Vorstellungen verbunden, und wohl auch das damit verquickte Wallfahrtswesen, das manche Mißstände im Glaubensvollzug und auch im Verfall der Sitten zeigte, waren äußere Anlässe des Thesenanschlags Martin Luthers an die Schloßkirche in Wittenberg am Vorabend des Allerheiligenfestes 1517, an dem viele Wallfahrer erwartet wurden, die die dort ausgestellten Reliquien verehren wollten. Da Luther und die anderen Reformatoren die Fürsprache der Heiligen, auch die der Gottesmutter, verwarfen und in ihnen nur Vorbilder des Glaubens sahen und deshalb auch die Reliquienverehrung ablehnten, erlosch die Wallfahrt im protestantischen Raum völlig. Man kann sogar sagen, daß sie in der Lehre der Reformation folgerichtig auch keinen Platz hat. Bis auf den heutigen Tag gibt es deshalb in den Kirchen der Reformation keine Wallfahrtsorte und Wallfahrten. Einige Prediger der neuen Lehre gingen dabei so weit, das Volk aufzuwiegeln, daß Bilder, geschnitzte Altäre und Plastiken von Heiligen im Bildersturm zerstört wurden. Hatten vorher beim

Volk oft religiöse Leistungen, mit denen man sich die Seligkeit erwerben wollte, im Vordergrund gestanden, so wurde das jetzt zurückgedrängt. Darunter fiel auch die Wallfahrt.

Wenn heute zu einigen katholischen Wallfahrtsorten die eine oder andere Gruppe aus einer evangelischen Gemeinde kommt, so handelt es sich vielfach um einen Besuch mit einer ökumenischen Begegnung. Sind es auch keine Wallfahrten im strengen Sinn, so lernen evangelische Christen hier katholisches Brauchtum kennen, wie Katholiken umgekehrt durch eine solche Begegnung am Wallfahrtsort Verständnis für die evangelische Haltung bekommen.

In der nachreformatorischen Zeit hat sich die Wallfahrtsbewegung so entwickelt, daß man nun nicht mehr nur einzeln oder in kleinen Gruppen, sondern in großen Prozessionen zum Wallfahrtsort zog. Besonders in der Zeit der Gegenreformation, von der man sagt, die katholische Kirche habe neben kriegerischen Übergriffen die konfessionelle Auseinandersetzung mit der Anbetung des Herrn in der Monstranz und mit der Marienverehrung geführt, erlebte die Wallfahrt eine neue Blütezeit. In den Augen des Volkes waren Eucharistielehre und Marienverehrung die wichtigsten Unterschiede zur neuen Lehre des Protestantismus.

In der Zeit der Gegenreformation und im 18. Jahrhundert zogen nun die Pfarrer mit ihren Gemeinden zu den umliegenden Wallfahrtsorten. Besonders die Bischöfe, die damals noch Landesherren waren, legten sehr großen Wert darauf, daß sie wenigstens einen Wallfahrtsort in ihrem Bistum hatten, zu dem sie die Gläubigen einladen konnten.

Die Wallfahrten des Volkes wurden in dieser Zeit nicht nur durch die geistlichen oder weltlichen Landesherren geduldet, sondern sogar gefördert. Zu diesem Zweck zog man Orden wie Franziskaner, Kapuziner und Jesuiten heran, um die Fußwallfahrten zu ordnen, Gebete und Lieder für den

Weg und am Wallfahrtsort zusammenzufassen und die ersten Wallfahrtsbücher herauszugeben. Auf diese Weise wurde durch die Wallfahrten nicht nur der alte Glaube gestärkt, sondern auch die weltliche Herrschaft gefestigt. So wurde Altötting, wie man sagte, das „Herz des Bayerischen Landes", Telgte mit der Verehrung der Schmerzhaften Mutter zum geistlichen Mittelpunkt des Münsterlandes (vgl. W. Freitag, Volks- und Elitefrömmigkeit in der Frühen Neuzeit. Marienwallfahrten im Fürstbistum Münster, Verlag Schöningh, Paderborn 1991, S. 109–149). Für den Vielvölkerstaat Österreich mit den unterschiedlichen Sprachgruppen hatte die Wallfahrt nach Mariazell eine einigende Wirkung auch für das Staatswesen.

Neben den von der Obrigkeit geförderten Wallfahrtsstätten gab es auch solche, die vom Volk aus ganz privater Veranlassung aufgesucht wurden; diese hatten in den meisten Fällen jedoch nur lokale Bedeutung.

Ende des 17. und in der ersten Hälfte des 18. Jahrhunderts hatten die Wallfahrten, besonders im deutschen Sprachraum, ihre Blüte. In dieser Zeit wurden große Wallfahrtskirchen und eine Vielzahl von Kapellen gebaut, in denen das Gnadenbild – meistens handelt es sich um eine Mariendarstellung – verehrt wird.

5. Die Wallfahrt in der Zeit der Aufklärung

Die folgende Zeit brachte einen Niedergang der Wallfahrten. Während sie vorher durch die Bischöfe, aber auch durch zahlreiche katholische nichtgeistliche Landesfürsten gefördert wurden, war nun das Gegenteil der Fall. Landesherren, allen voran Kaiser Josef II. (1765–1790), verboten Wallfahrten in andere Länder. Das Geld, das dabei ausgegeben wurde, sollte im Land bleiben. Zudem, so war es die

Tendenz der Aufklärung, sei die Arbeit ein Gott wohlgefälligeres Werk als das Wallfahren. So kam es in jenen Jahren überall zu Verboten von Wallfahrten. Wenn man sie noch duldete, so durften keine feierlichen Prozessionen zu den Gnadenstätten stattfinden. Bilder und Fahnen konnten verschiedentlich gar nicht mehr mitgeführt werden.

Hatte die weltliche Obrigkeit ganz handfeste materielle Gründe, die zum Verbot, zumindest zur Einschränkung von Wallfahrten führten, so gaben „aufgeklärte" Bischöfe andere Argumente an: Durch Wallfahrten würde der Aberglaube gefördert und häufig eine übertriebene Wundersucht geweckt. Die Erziehung des Klerus in den Seminaren, die diese Meinung unterstützte, brachte es mit sich, daß die Priester, wenn sie als Pfarrer in den Gemeinden tätig waren, der Wallfahrt gegenüber sich ablehnend, zumindest aber skeptisch verhielten. Da zudem manche Orden, die sich vorher um den guten Verlauf von Wallfahrten gekümmert hatten, in dieser Zeit zurückgedrängt oder sogar ganz aufgelöst wurden (Jesuiten), blieb oft nur eine kleine Schar von Gläubigen übrig, die sich zum Wallfahrtsort auf den Weg machte. Dabei wurden die Wallfahrer unterwegs nicht nur von anderen „aufgeklärten" Christen verspottet, sie mußten sich auch noch die abschätzigen Aussagen mancher Pfarrer über das Wallfahren anhören (vgl. Werner Freitag, Volks- und Elitefrömmigkeit in der Frühen Neuzeit, a.a.O., S. 350–356).

So blieb es nicht aus, daß zahlreiche Wallfahrten ganz eingestellt wurden und manche Wallfahrtsorte verödeten.

6. Erneutes Aufblühen der Wallfahrt in der Romantik

Gegen Mitte des 19. Jahrhunderts änderte sich die Einstellung gegenüber der Wallfahrt. Es war die Zeit, als man in der Romantik das Mittelalter wiederentdeckte und auch der katholische Glaube eine neue Bedeutung erhielt. Manche Dichter und andere Künstler der Romantik konvertierten von der evangelischen zur katholischen Kirche, andere zeigten eine große Sympathie für sie. Die Gotik wurde in Form der Neogotik wiederentdeckt. Eine Neuordnung der Seelsorge trug vor allen Dingen in den deutschsprachigen Gebieten dazu bei, daß auch das katholische Brauchtum wieder gepflegt wurde.

Die Marienfrömmigkeit wurde durch zwei Ereignisse neu belebt: zum einen 1854 durch die Dogmatisierung der Lehre von der Unbefleckten Empfängnis Mariens durch Papst Pius IX., zum anderen 1858 durch die Erscheinungen in Lourdes, in denen sich Maria als die Unbefleckte Empfängnis dem Mädchen Bernadette Soubirous offenbarte. Nachdem die Erscheinungen in dem unbedeutenden Ort am Fuß der Pyrenäen von der Kirche als echt anerkannt waren, entwickelte sich Lourdes zum bedeutendsten Wallfahrtsort Europas.

Doch auch an Wallfahrtsorten in Deutschland stiegen die Zahlen der Pilger wieder. So wurde von 1858 bis 1864 in Kevelaer eine große Basilika gebaut, da die bisherige Wallfahrtskirche von 1649, die heutige Kerzenkapelle, viel zu klein geworden war, um die zahlreichen Wallfahrer zu fassen. Gleiches geschah an dem anderen großen deutschen Marienwallfahrtsort, im bayerischen Altötting, wo 1912 die St.-Anna-Basilika konsekriert wurde, in der die Gottesdienste sehr großer Wallfahrten stattfinden.

Zu dieser Zeit entstanden viele neue Wallfahrten, so die 1852 zum ersten Mal durchgeführte Fußwallfahrt der Osnabrücker nach Telgte, die heute die an Teilnehmerzahl zweitgrößte in Deutschland ist.

Die Wallfahrtsfrömmigkeit hielt bis über die Mitte des 20. Jahrhunderts an. Weder der Kulturkampf noch die beiden großen Weltkriege konnten sie einschränken. In den

Kriegsjahren kamen vor allen Dingen viele Einzelpilger, die an den Wallfahrtsstätten Trost suchten. Während der Jahre von 1933 bis 1945, in denen Wallfahrten von den nationalsozialistischen Machthabern verboten waren, kamen zahlreiche Pilger zu Fuß auf heimlichen Wegen zu festgesetzten Wallfahrtsterminen zum Wallfahrtsort, andere benutzten das Fahrrad, die Bahn oder den Bus. In den Gottesdiensten predigten Priester und auch Bischöfe gegen die Übergriffe der Nationalsozialisten und wußten das Volk hinter sich. Bekannt ist aber auch eine Predigt, die das Verhalten der Siegermächte nach Kriegsende geißelt. Bischof Clemens August von Galen, der vorher seine berühmten Predigten gegen den Nationalsozialismus gehalten hatte, sprach sich in Telgte anläßlich einer großen Wallfahrt gegen die Zustände unter den Alliierten aus.

Gerade nach dem Krieg wurden Wallfahrtsorte Treffpunkte, an denen sich Ostvertriebene mit ihren Priestern treffen, um zu beten und das alte Brauchtum aus den Wallfahrtsorten ihrer östlichen Heimat wie Albendorf, Glatz, Maria Linde, dem Annaberg und vielen anderen größeren und kleineren Wallfahrtsstätten nun in westlichen Wallfahrtsorten zu pflegen. Altötting, Werl, Neviges, Haltern und andere Orte sind heute ihre Wallfahrtsziele.

Als 1954 das Marianische Jahr von Papst Pius XII. ausgerufen und in aller Welt, vor allen Dingen an den Marienwallfahrtsorten, begangen wurde, war dies gleichsam der Höhepunkt der Wallfahrtsbewegung in der Nachkriegszeit.

7. Rückgang und Wiederaufleben in der nachkonziliaren Phase

Das Zweite Vatikanische Konzil brachte den alttestamentlichen Begriff vom „Volk Gottes auf dem Weg" (Lumen

Gentium 9–17) wieder in das Bewußtsein der Gläubigen. Schon im Hebräerbrief war das neue Volk Gottes, das auf der Wanderschaft zur himmlischen Heimat ist, mit Israel auf seiner Wüstenwanderung verglichen worden. Als Bild für dieses Gottesvolk auf dem Weg hätte sich ja gerade die Wallfahrt angeboten. Doch es kam zunächst ganz anders.

Viele traditionelle Formen der Volksfrömmigkeit wie das Rosenkranzgebet, der Kreuzweg und Prozessionen wurden vernachlässigt, wenn nicht ganz abgeschafft. Die Liturgiekonstitution befaßte sich mit der Sinngebung und Neugestaltung der Sakramente, vorab der Eucharistiefeier, der Wortgottesdienste und der Feier des Stundengebetes. Dadurch traten die vielfältigen Formen der Volksfrömmigkeit zurück. Manches wurde deshalb bekämpft, weil es angeblich ein Zeichen des „Triumphalismus" der Kirche darstellte und unökumenisch sei. Was sich im Zeitalter der Aufklärung noch gerettet hatte, wurde jetzt häufig innerhalb kürzester Zeit abgeschafft. In einem westfälischen Wallfahrtsort wurde eine Prozession, die aus dem 15. Jahrhundert stammte, auf Betreiben des damaligen Pfarrers und der Mehrheit des Pfarrgemeinderates von heute auf morgen ersatzlos gestrichen, ohne auch nur den geringsten Versuch einer zeitgemäßen Erneuerung zu unternehmen.

In den siebziger Jahren wurde die Zahl derer, die besonders in Prozessionen zu den Wallfahrtsorten kamen, geringer. Manche Wallfahrten verschwanden ganz. Für einige Länder war der Rückgang besonders deutlich, etwa für die großen Wallfahrten, die aus den Niederlanden nach Kevelaer kamen. Ein starker Schwund und eine große Überalterung ist heute noch festzustellen.

Besonders die Priester, die in den sechziger und siebziger Jahren ihre theologische Ausbildung erhalten haben, stehen den Wallfahrten, vorab den Traditionswallfahrten, zum großen Teil distanziert, wenn nicht sogar ablehnend gegenüber. Dabei darf man nicht übersehen, daß manche Wallfahrtsorte und Wallfahrten in ihrer Tradition völlig erstarrt waren und sich schwer taten, den Anliegen der Zeit und den Forderungen des Konzils gerecht zu werden.

Andererseits wurden von „fortschrittlichen Christen" Wallfahrer als die „ewig Gestrigen" abgestempelt, wie es in einer Fernsehsendung Anfang der siebziger Jahre hieß. So suchten z.B. über 1000 Gläubige einer Stadt am Rand des Niederrheins für ihre traditionelle Fußwallfahrt einen Priester, der sie begleitete, die Gottesdienste mit ihnen feierte und unterwegs predigte. Hatten noch zehn Jahre vorher bis zu zwanzig Priester teilgenommen, gelang es nun erst in letzter Minute, einen Priester von weither dafür zu gewinnen.

Eine andere Wallfahrt mit einer über hundertjährigen Tradition, an der auch in Krisenzeiten über 4000 Pilger teilnahmen, sollte auf Vorschlag einiger Priester und Laien so verändert werden, daß man nur noch in kleinen Diskussionsgruppen zog; Fahnen und Kreuze sollten nicht mehr mitgeführt werden. Es ist wesentlich den Laien, die die Vorbereitung hatten, zu verdanken, daß sie an der bewährten Form festhielten. Die zweitägige Wallfahrt hat heute die doppelte Anzahl von Teilnehmern, darunter vorwiegend junge Leute.

Überhaupt waren es Jugendliche, die die Wallfahrten wieder belebten. Während diese Gruppe beim Gottesdienstbesuch eher das Schlußlicht bildet, hat sie für das neue Aufblühen der Wallfahrt eine große Bedeutung. Dies gilt nicht nur für neuere Formen wie Nachtwallfahrten, Fußwallfahrten oder den manchmal mit einer Wallfahrt verbundenen Jugendkreuzweg in der österlichen Bußzeit (vgl. Hans-Werner Dierkes, Gemeinsam neue Wege gehen. Gottesdienste in anderer Form. Modelle und Anregungen, Verlag Butzon & Bercker, Kevelaer 1991). Auch bei Traditionswallfahrten, die manchmal seit Jahrhunderten stattfinden und mit altbekannten Gesängen und Gebeten gestaltet werden, bilden Jugendliche und junge Erwachsene den Hauptteil der Wallfahrer. So sind bei der mehrtägigen Wallfahrt der Würzburger zum Kreuzberg in der Rhön neben den alten „Stammpilgern" die Jugendlichen besonders stark vertreten. Bei der zweitägigen Fußwallfahrt der Katholiken der Stadt und des Landkreises Osnabrück nach Telgte macht der Anteil der Jugendlichen unter 25 in manchen Jahren 70–80 % aus.

Eine ähnlich hohe Beteiligung von Jugendlichen melden auch internationale Wallfahrtsorte wie Tschenstochau in Polen und Santiago de Compostela im Baskenland, eine Wallfahrt, die heute wieder auflebt. Auch in Lourdes trifft man eine Anzahl junger Pilger, jedoch ist hier der Anteil der Jugendlichen aus Deutschland recht gering. Dabei ist gerade hier die Verbindung zwischen geistlichem Leben und praktischem Tun (Krankendienst) gegeben, der die Jugendlichen besonders anspricht.

Der Rückgang der Wallfahrt in den siebziger Jahren war recht kurz. Heute ist vor allem die Zahl der Fußpilger wieder erheblich angestiegen, aber auch die Anzahl der Pilger, die mit Verkehrsmitteln wie Zug, Bus und Flugzeug kommen, ist recht hoch. Neben den großen Wallfahrtsprozessionen gibt es auch heute kleine Gruppen von Wallfahrern und Einzelpilgern, die sich mit einem persönlichen Anliegen auf den Weg machen.

Bestimmte Formen der Volksfrömmigkeit, die vorher häufig die Liturgie überwuchert hatten, wurden zunächst zurückgedrängt, vereinzelt sogar ganz abgeschafft. Einige dieser alten Formen führen heute in Deutschland nur noch ein kümmerliches Dasein: das Rosenkranzgebet und die Maiandacht wie überhaupt die verschiedenen Formen der Andacht. Andere sind wieder neu belebt worden und erfreuen sich gerade unter Jugendlichen großer Beliebtheit; hierzu gehört sicher das Kreuzweggebet.

Wallfahrten haben unter jung und alt heute wieder einen neuen Stellenwert erhalten. Das gilt für die Nahwallfahrten, die häufig Fußwallfahrten sind, genauso wie für die Fernwallfahrten zu den internationalen Pilgerstätten, bei denen man die modernen Verkehrsmittel einsetzt. In einer Zeit, in der viele die Ferien zum Reisen nutzen und der Tourismus einen Boom erlebt wie nie zuvor, machen sich zahlreiche Christen zu einer Wallfahrt auf den Weg.

Mit einer Wallfahrt waren früher nicht nur Gebet, Dank und Buße verbunden, sondern man lernte als Wallfahrer zu einem entfernten Ort auch immer Land und Leute kennen und viele Besonderheiten an einzelnen Orten. Für den mittelalterlichen Menschen, der Bildungs- und Erholungsreisen noch nicht kannte, war die Wallfahrt auch eine legitime Form, fremde Länder und Völker kennenzulernen. – Bei einer Befragung vor einigen Jahren in Deutschland gaben 10 % der Angesprochenen auf die Frage, welche Form von Reise sie im letzten Jahr unternommen hätten, an, sie seien auf einer Wallfahrt unterwegs gewesen (vgl. Egon Mielenbrink, Als Pilger auf dem Weg, in: Roman Bleistein [Hrsg.], Menschen unterwegs. Das Angebot der Kirche in Freizeit und Tourismus, Verlag Josef Knecht, Frankfurt/Main 1988, S. 163–168). Die Zahlen in überwiegend katholischen Ländern, etwa im romanischen Raum, dürften noch höher liegen. Das Wallfahren, das schon einige Male zum Aussterben verurteilt schien, ist heute vielfach wieder beliebt.

8. Kirchliche Stimmen zur Wallfahrt

Interessant ist die Stellung, die Vertreter der Kirche im Laufe der Zeit zu dieser Form der Frömmigkeit einnahmen, die ja wesentlich vom Volk geprägt wurde. Während im Judentum eine Verpflichtung zur jährlichen Jerusalemwallfahrt bestand und für den Moslem die Wallfahrt nach Mekka auch heute noch eine heilige Pflicht ist, hat es im Christentum nie eine Verordnung oder ein Gebot zum Wallfahren gegeben. Verschiedentlich wird sogar die Antwort Jesu auf die Frage der Samariterin, ob Gott auf dem Berg Garizim oder in Jerusalem angebetet werden solle, als eine Ablehnung der Wallfahrt gedeutet: „… die Stunde kommt, zu der ihr weder auf diesem Berg noch in Jerusalem den Vater anbeten werdet. Aber die Stunde kommt, und sie ist schon da, zu der die wahren Beter den Vater anbeten werden im Geist und in der Wahrheit; denn so will der Vater angebetet werden" (Joh 4, 21.23).

Gregor von Nyssa urteilt im 4. Jahrhundert, daß niemand je durch eine Wallfahrt heiliger geworden sei (Epistula 2, 17). Die Ortsveränderung bringe ihn nicht näher zu Gott. Wer da voller schlechter Gedanken sei, der sei weit von Christus entfernt, selbst wenn er sich auf dem Ölberg oder in der Auferstehungskirche befinde. In diesem Sinne ist auch das bekannte Wort des Thomas von Kempen aus der „Nachfolge Christi" (Erstes Buch, Kapitel 23) zu verstehen, der da sagt, wer viel wallfahre, gelange selten zur Heiligkeit. Demgegenüber gibt es aber auch zahlreiche Heilige, die in ihrem Leben selber zu Wallfahrtsstätten gepilgert sind: Franz von Assisi, Ignatius von Loyola, P. Maximilian Kolbe, um Vertreter aus verschiedenen Zeitepochen zu nennen.

Die Haltung von Päpsten und Bischöfen gegenüber der Wallfahrt ist in den verschiedenen Zeiten recht unterschiedlich. Manche Bischöfe warnen schon im christlichen Altertum und im Mittelalter, nicht erst in der Aufklärungszeit, davor, daß Pilger ihre Heimat verlassen und zu Wallfahrtsorten außerhalb ihres eigenen Bistums ziehen. Dies sind weniger theologische als vielmehr taktische Überlegungen, da man nicht will, daß Leute ihr Geld an anderen Orten ausgeben: Es soll lieber im eigenen Land bleiben.

Im ausgehenden Mittelalter warnen die einen vor einer übertriebenen Reliquienverehrung und abergläubischer Wundersucht an den Wallfahrtsorten, während andere, besonders durch das Sammeln von Reliquien und die Übertreibung des Ablaßwesens, die Wallfahrten fördern und sie oft für innerweltliche Interessen mißbrauchen. Man denke nur daran, wie unter Papst Bonifaz VIII. das Heilige Jahr eingeführt wurde, durch das auch die weltliche Macht der Päpste gestärkt wurde und sehr viel Geld nach Rom kam. Auch die Reliquienverehrung in der Schloßkirche zu Wittenberg, gegen die sich Martin Luther in seinen Thesen wandte, diente recht handfesten weltlichen Interessen.

Vorsichtig ist die Kirche gegenüber der Anerkennung von Orten geworden, an denen Erscheinungen stattgefunden haben sollen. So bedurfte es nach den Erscheinungen von 1858 langer Untersuchungen, bis Lourdes als kirchlicher Wallfahrtsort anerkannt wurde. In unserem Jahrhundert wurden die angeblichen Marienerscheinungen in Heroldsbach im Bistum Bamberg nach genauer kirchlicher Untersuchung als falsch bezeichnet und Heroldsbach als Wallfahrtsort verboten. Ebenso erging es den zahlreichen Orten mit angeblich Blut weinenden Madonnen, was jedoch viele nicht hinderte, Wallfahrten dorthin zu organisieren sowie Leichtgläubige und religiöse Fanatiker an diese Stellen zu locken. Andere Erscheinungen werden noch untersucht, so in unseren Tagen die in Medjugorje im ehemaligen Jugoslawien.

Heute wird die Wallfahrt als Form der Volksfrömmigkeit von Bischöfen und Orden, die die Seelsorge an den Wallfahrtsorten übernehmen, gefördert. Als erster Papst in unserem Jahrhundert unternahm Johannes XXIII. eine Pilgerfahrt nach Loreto und Assisi, um sich hier im Gebet auf das

Zweite Vatikanische Konzil vorzubereiten. Von besonderer Bedeutung war die Pilgerfahrt Papst Pauls VI. in das Heilige Land, weil hier zum ersten Mal ein Papst in unseren Tagen das Land des Herrn betrat. Papst Johannes Paul II. besucht auf seinen zahlreichen Reisen als Pilger die Wallfahrtsorte in aller Welt, ob in Italien oder in seiner polnischen Heimat, ob Lourdes, Guadalupe, Fatima oder in Deutschland Altötting und Kevelaer. An den einzelnen Marienwallfahrtsorten hält er viele Ansprachen, die vor allem die Verehrung der Gottesmutter in den Blick nehmen.

Von den Bischöfen werden Wallfahrten heute nicht nur geduldet, sondern gefördert und als eine Form des pastoralen Tuns gesehen. So haben viele Bistümer eigene Pilgerstellen eingerichtet, die besonders die Diözesanwallfahrten zu den internationalen Wallfahrtsorten vorbereiten und ausrichten. Hier wie auch bei Wallfahrten innerhalb ihres eigenen Bistums begegnen die Bischöfe einem großen Teil ihrer Gläubigen, verkünden den Glauben und nehmen zu Fragen der Zeit Stellung. Einige begleiten, wenigstens streckenweise, die Fußwallfahrer – ein sichtbares Zeichen dafür, wie „Hirt" und „Herde" miteinander auf dem Weg zum Ziel sind. Bischof Reinhard Lettmann von Münster hat Jahr für Jahr für Theologiestudenten und Soldaten eine mehrtägige Fußwallfahrt zu den Wallfahrtsstätten seines Bistums initiiert, an der er selbst von Anfang bis zum Ende teilnimmt und so zu Fuß eine Reihe von Gemeinden seines Bistums besucht.

Die Wallfahrt wird auch in unseren Tagen besonders eine Laienbewegung bleiben, bei der die Priester in erster Linie die ihnen zustehenden Aufgaben wie Gottesdienstfeier und Predigt übernehmen. Gerade in Krisenzeiten hat sich dies bewährt. Hätten Priester die Leitung gehabt, wären sicher in manchen Zeiten alte Fußwallfahrten untergegangen. Gerade Laien waren es, die Wallfahrten auch bei schrumpfender Teilnehmerzahl weiterführten, auch als in der Zeit der Aufklärung, des Nationalsozialismus oder in den kommunistisch geführten Ländern Osteuropas Wallfahrten verboten waren. Oft mußte man sich heimlich auf den Weg machen.

Auch die zunächst schwierige Situation in den sechziger und siebziger Jahren unseres Jahrhunderts, als man andere pastorale Schwerpunkte setzte und verschiedene Experimente durchführte oder aus „seelsorgerischen Gründen" die Wallfahrten ganz abzuschaffen versuchte, wurde gegen alle Widerstände von Laien gemeistert.

Es ist zu erwarten, daß es auch in der Zukunft ein Auf und Ab in der Wallfahrtsbewegung geben wird, doch ist zugleich zu hoffen, daß sich immer wieder Gläubige in dieser Form als „pilgerndes Gottesvolk" auf den Weg begeben.

ZWEITER TEIL
Wallfahrtsfrömmigkeit

I. Wallfahrt als Symbol für das Leben

Es ist nicht nur eine christliche, sondern eine urmenschliche Erfahrung, daß der einzelne auf dem Weg ist. Der Pilger ist „der in der Fremde Lebende", „der Gast", der hier keine bleibende Stätte hat. So kann das bekannte Wort aus einem Psalm auch übersetzt werden: „Ich bin nur ein Gast bei dir, ein Pilger wie all meine Väter" (Ps 39, 13).

In dem Kirchenlied „Wir sind nur Gast auf Erden" (Gotteslob, Nr. 656) mit dem Text von Georg Thurmair aus dem Jahre 1935 wird diese Erfahrung des Unterwegsseins angesprochen. Es wird besonders häufig bei Beerdigungsgottesdiensten gesungen, wenn der Mensch im Tod das Lebensziel erreicht hat, doch ist es ein Lied des Vertrauens, das den gesamten Lebensweg umfaßt. Jeder bricht auf, beginnt seinen Weg, ist unterwegs, erreicht sein Ziel, muß zugleich aber auch immer wieder Abschied nehmen, bis er am endgültigen Ziel ankommt. Der Lebensweg ist Pilgerschaft, die mit dem Ende des Lebens beschlossen wird.

1. Aufbruch

Jeder ist, vom ersten Augenblick seines Daseins an, gerufen, einen Weg zu gehen. An den großen Gestalten des Glaubens wird das besonders deutlich: Abraham wird von Gott angerufen: „Zieh weg aus deinem Land, von deiner

Verwandtschaft und aus deinem Vaterhaus in das Land, das ich dir zeigen werde" (Gen 12, 1). Allein auf die Zusage Gottes hin bricht er auf. Die großen Frauen des Alten Bundes wie Rebekka und Sara, die Tochter des Raguël und Frau des Tobias, verlassen ihr Vaterhaus, um sich in die Obhut ihres Mannes zu begeben.

Manche aber weigern sich auch und wollen nicht aufbrechen: Mose, den Gott in der Wüste beruft, um Führer seines Volkes zu werden, macht zunächst Einwände (Gen 3, 1–4, 17), oder der Prophet Jeremia, der den schweren Weg des Prophetenamtes nicht gehen will und deshalb darauf hinweist, daß er doch nicht reden könne und zu jung sei. Erst als er die Zusage Gottes erhält, beginnt er seinen Weg: „Fürchte dich nicht vor ihnen; denn ich bin mit dir, um dich zu retten" (Jer 1, 8). Maria, deren Aufbruch die Stunde in Nazaret ist, als der Engel Gabriel ihr die Kunde bringt, die Mutter des Messias zu werden, stellt an den Engel zunächst eine Frage. Auch sie erhält die Zusage, daß für Gott nichts unmöglich sei; so beginnt sie ihren Weg als Magd des Herrn (Lk 1, 38).

Mit der Menschwerdung beginnt der Aufbruch des Gottessohnes Jesus Christus in diese Welt und Zeit. Immer wieder kommt der Gottessohn in Stunden des Aufbruchs: die Taufe im Jordan, der Beginn des Weges nach Jerusalem, der Anfang der letzten Strecke am Ölberg. In seiner Nachfolge stehen all die Vielen, die sich auf den Weg begeben. Im Leben einiger war dies von besonderer Bedeutung: die Berufung des Franz von Assisi, des Ignatius von Loyola, des Mädchens Bernadette Soubirous. Sie haben sich auf den Weg gemacht mit der Zusage Gottes, daß er bei ihnen ist. Nur so konnten sie diesen Weg beginnen.

Der Mensch, der heute in Jesu Nachfolge leben will, muß immer wieder aufbrechen aus dem Gewohnten in das Neue. Das kann freudige Erwartung bedeuten, aber auch innere Angst, weil er nicht weiß, was auf ihn zukommt, ob er das Ziel erreicht oder auf der Strecke bleibt.

Wer als Pilger zu einer langen, anstrengenden Fußwallfahrt aufbricht, wird diese zweifache Erfahrung machen: Da ist Freude über den Weg, über die erwarteten Begegnungen und darüber, die körperlichen Kräfte zu erproben. Da ist aber auch die Ungewißheit, ob man es wirklich schafft oder man sich nicht doch überfordert. Wer werden meine Weggefährten sein, mit denen ich gemeinsam auf das Ziel zugehe? Muß ich vielleicht unterwegs umkehren, oder bleibe ich gar auf der Strecke liegen? Kommt Müdigkeit auf mich zu, werden Schmerzen in den Gelenken, Blasen und Wunden an den Füßen mir zu schaffen machen?

Wer aufbricht, verläßt das Gewohnte und Bequeme, die eigene Wohnstatt, um sich in die Fremde zu begeben; wer aufbricht, nimmt die Gastfreundschaft anderer in Anspruch. Er bestimmt nicht allein über sich selbst, sondern ist auf andere angewiesen. Wer als Pilger aufbricht, liefert sich Gott aus, begibt sich ganz in seine Hand und vertraut sich seiner Führung an. Wer mit halbem Herzen beim alten ist, innerlich zu Hause bleibt, wird nie das Ziel erreichen. Nur wer sich im Vertrauen ganz Gott öffnet, kann sicher an ein Ziel kommen. Jeder, der aufbricht, läßt etwas zurück: Erfreuliches und Schmerzvolles, das im Rückblick oft verklärt wird, Menschen, mit denen er zusammenlebte und mit denen er vertraut war. Was ihm begegnet, wenn er neu aufbricht, weiß er nicht. Die menschliche Furcht vor dem Neuen, vor der neu gestellten Aufgabe läßt ihn zurückschrekken.

Nur der kann den Aufbruch wagen, der den Weg mit seinen Gefährdungen, Schwierigkeiten und Anforderungen nicht allein zu gehen braucht, sondern sich bewußt ist, daß Gleichgesinnte mit ihm gehen. Wer sich als Pilger beim Aufbruch in die Gemeinschaft der Mitpilger begibt, der tritt in Solidarität mit ihnen ein, kann den Weg beginnen, weil er spürt, andere sind mit ihm unterwegs, und er darf ihnen vertrauen, so wie sie sich auf ihn verlassen dürfen.

Wer als christlicher Pilger aufbricht, weiß sich vor allen Dingen von dem getragen, zu dem er immer unterwegs ist in den Tagen der Wallfahrt und in seinem ganzen Leben. Psalm 121, ein altes Wallfahrtslied, bringt das zum Ausdruck: „Ich hebe meine Augen auf zu den Bergen: Woher kommt mir Hilfe? Meine Hilfe kommt vom Herrn, der Himmel und Erde gemacht hat. Er läßt deinen Fuß nicht wanken; er, der dich behütet, schläft nicht. ... Der Herr ist dein Hüter, der Herr gibt dir Schatten; er steht dir zur Seite. Bei Tag wird dir die Sonne nicht schaden noch der Mond in der Nacht. Der Herr behüte dich vor allem Bösen, er behüte dein Leben. Der Herr behüte dich, wenn du fortgehst und wiederkommst, von nun an bis in Ewigkeit."

2. Weg

Wie viele Wege, Straßen, Autobahnen gibt es in unserer Welt? Kein Mensch kann dies sagen. Die meisten Wege führen an ein Ziel, manche laufen ins Nichts.

Wer eine Wallfahrt unternimmt, beschreitet einen Weg: schmale Pfade, die durch schöne Landschaften führen, oder breite Asphaltstraßen bei großen Wallfahrten mit Tausenden von Teilnehmern. Alle führen sie zum Ziel. Doch der Pilger kann vom Weg abkommen, kann Wege gehen, die in die falsche Richtung führen, und muß dann wieder zurück, um den rechten Weg wieder aufzunehmen.

Wer lange einen Weg geht, kann ermüden, dem schmerzen im Lauf der Zeit die Glieder, der bekommt Blasen an den Füßen. Wer im Freien unterwegs ist, spürt wie sonst nie die wechselnde Witterung, wenn die Sonne vom hohen Himmel brennt und ihm das Durchatmen schwer wird, wenn es in Strömen regnet und das Wasser durch die Kleidung dringt, wenn der Wind von vorn kommt und er nur mit Mühe voranschreiten kann, wenn ein drohendes Gewitter heraufzieht und er auf freier Strecke nicht weiß, wohin. Dann tauchen die Fragen auf, ob es nicht am besten sei, wieder umzukehren, im nächsten Ort zu bleiben, das ganze Unternehmen abzubrechen oder gar in ein Auto zu steigen.

Was gibt in diesen Situationen Mut, um doch weiterzugehen und den Weg fortzusetzen? Da ist die Gemeinschaft mit anderen, die wie ich auf dem Weg sind. Der Pilger in unseren Tagen macht seinen Weg fast nie allein, sondern ist mit anderen unterwegs, solchen, die sich gegenseitig Mut zusprechen, die sich Hilfe schenken, die den Schwächeren wiederaufrichten, die ein Stück weit „tragen". Vielleicht wird er wiederum in einiger Zeit, wenn der andere „ganz unten" ist, diesem helfend zur Seite stehen und ihm seine Hilfe anbieten. Jeder, der weite Wege geht, spürt mit der Zeit seine eigene Hilflosigkeit und Schwäche, aber alle mühen sich, sie gemeinsam anzunehmen und zu tragen. Das ist auf der Wallfahrt wie im übrigen Leben des Christen.

Während in vergangenen Zeiten Menschen eine Wallfahrt in einem besonderen Anliegen unternahmen, besteht heute gerade bei Jugendlichen, aber auch bei vielen Erwachsenen, das Motiv darin, in diesen Tagen in besonderer Weise die Gemeinschaft der Kirche zu erfahren. Immer mehr Christen leben ja heute in der Gefahr der Vereinzelung oder haben das Gefühl, sie gingen ihren Weg allein unter den Vielen, die anders denken und handeln als sie. So besteht die Gefahr, den eigenen Weg aufzugeben und sich dem Trend anzupassen. Wer mit anderen gemeinsam dem Ziel entgegengeht, erfährt durch sie Ermutigung und schenkt auch ihnen immer wieder Mut. Darin besteht eine Gemeinschaft.

Doch hier ist nicht eine Schar der Auserwählten, die sich von anderen abheben will, auf dem Weg. Sie müssen auch diejenigen, die als Zuschauer am Weg stehen, einladen, daß sie sich anschließen und mit ihnen gemeinsam das Ziel erreichen. Eine der Gefahren für den Christen heute besteht darin, sich nur mit Gleichgesinnten in den kuscheligen Raum der Innerlichkeit zurückzuziehen. Wer sich auf dem Weg weiß, wird für andere, die noch zögern, sich anzuschließen, offen sein.

Wer einen weiten Weg geht, muß unterwegs auch immer wieder rasten. Der Pilger kann, wenn seine Kräfte erlahmen, das beglückende Erlebnis von Gastfreundschaft erfahren, wenn er Platz nehmen darf, wenn andere um ihn besorgt sind, wenn sie ihm Essen und Trinken bereiten, ein Nachtlager zur Verfügung stellen und ihn mit dem Notwendigsten versorgen. Gasthäuser sind ja in der Antike entstanden aus der Unterkunft für Pilger. Im Mittelalter etwa entwickelten sie sich an den Jakobusstraßen nach Santiago de Compostela. Was heute ein Gewerbe ist, war in früherer Zeit ein heiliger Dienst. Gerade die Fußpilger erfahren ihn auch heute noch so.

Auch auf dem Weg seines Lebens braucht der Mensch diese Gastfreundschaft anderer, wenn er ermüdet ist und die Wunden spürt, die ihm das Leben geschlagen hat, wenn er auf einem Irrweg läuft, von dem er allein nicht zurückfindet. Da ist es oft lebensnotwendig, daß er die Gastfreundschaft eines Mitmenschen spürt im verständnisvollen Gespräch: Es ist einer da, der Zeit für ihn hat, jemand, der ihn – wie es Romano Guardini sagt – „vom Draußen in das Drinnen holt". Wer diese Gastfreundschaft im Leben erhält und sie selber verschenkt, wird nicht „schlappmachen" und aufgeben, sondern sich trotz aller Belastungen, trotz des Kreuzes, das er zu tragen hat, wieder neu auf den Weg machen und an das Ziel kommen.

Schließlich ist der Herr selbst der Begleiter auf dem Weg, so wie er einst mit Abraham auf dem Weg war und dem Volk Israel durch die Wüste im Zeichen der Wolken- und Feuersäule vorausging. Jesus von Nazaret war mit seinen Jüngern als Wanderprediger auf dem Weg durch Galiläa, Judäa und Samariën; als Auferstandener ging er mit zweien von ihnen auf dem Weg von Jerusalem nach Emmaus. So begleitet er auch den einzelnen Christen und die gesamte Gemeinde, hat er doch selber gesagt, daß er „der Weg" (Joh 14, 6) ist, der zum Ziel führt. Und zugleich begleitet er auf diesem Pilgerweg den zur Vollendung ausschreitenden Menschen. Gastfreundschaft durch sein Wort, das er auch den beiden auf dem Weg nach Emmaus gab, als er ihnen die Schrift auslegte, und durch die Gemeinschaft des Brotbrechens, das Stärkung auf dem Weg gibt, schenkt er einem jeden von uns.

Auch wir können die Erfahrung des alttestamentlichen Propheten Elija auf seinem Weg zum Gottesberg Horeb machen, als er von dem Engel gestärkt wurde, der ihn anrief: „Steh auf und iß! Sonst ist der Weg zu weit für dich" (1 Kön 19, 7). Und mit der Kraft dieser Speise gelangte Elija nach langer Wanderung an das Ziel.

Für das christliche Leben ist das eucharistische Brot die Nahrung, die dem Menschen hilft, unterwegs nicht aufzugeben, sondern voranzuschreiten. Die Gemeinschaft mit anderen, die Gemeinschaft mit Gott erleichtert uns den Weg.

3. Ankunft

Wer ankommen will, muß zunächst aufbrechen. Wer das nicht tut, kann nie die Erfahrung der Ankunft machen. Das hat das Volk Israel erkannt, als es unter schwierigen

Verhältnissen, aber mit der Zusage und dem Beistand Jahwes das Land der Ägypter verließ und auf der langen Wanderung nie das Ziel ganz aus den Augen verlor. Und deshalb war die Ankunft im Land der Verheißung mit einer besonderen Freude verbunden, so daß es singen konnte: „Als Israel aus Ägypten auszog, Jakobs Haus aus dem Volk mit fremder Sprache, da wurde Juda Gottes Heiligtum, Israel das Gebiet seiner Herrschaft" (Ps 114, 1 f.). So war auch in späterer Zeit die Landnahme Israels immer eine Erinnerung, die auch der einzelne nie vergaß. Ähnlich war es, als das Volk aus der Gefangenschaft Babylons in das Land der Väter zurückkehrte. Beide Ereignisse sind noch heute Anlässe großer Freude.

Das Ziel im Leben Jesu war Jerusalem, der Ort des Leidens und der Auferstehung. In verschiedenen Leidensankündigungen hat er auf dieses Ziel hingewiesen: „Von da an begann Jesus, seinen Jüngern zu erklären, er müsse nach Jerusalem gehen und von den Ältesten, den Hohenpriestern und den Schriftgelehrten vieles erleiden; er werde getötet werden, aber am dritten Tag werde er auferstehen" heißt es im Matthäusevangelium (16, 21). Von den Jüngern wird Jerusalem zunächst nur als Stätte des Leids gesehen, vor dem sie ihren Meister bewahren möchten. Erst nachdem „alles geschehen ist" (Lk 24, 21), gehen auch ihnen die Augen auf, und sie erkennen, daß das Ziel nur erreicht werden kann durch das Kreuz hindurch.

Dem Ziel, das der Pilger erreicht, geht der mühsame Weg voraus. Je beschwerlicher dieser Weg mit seinen Strapazen war, desto glücklicher wird das Ziel empfunden, desto größer ist die Freude, am Wallfahrtsort angekommen zu sein. Deshalb erlebt dies der Fußpilger viel intensiver als derjenige, der den Wallfahrtsort mit einem modernen Verkehrsmittel erreicht. Wenn der Zielort in Sichtweite kommt, wenn, wie auf dem Kreuzberg in der Rhön, in

Altötting oder in Kevelaer, Priester und Ministranten des Ortes mit Musik und Glockenklang den ankommenden Pilgern entgegenziehen, dann werden die letzten Kraftreserven beansprucht, um den Ort, auf den die gesamten Mühsale des Weges ausgerichtet waren, endlich zu betreten. Alles, was unterwegs an Leiden zu erdulden war, die Unbilden der Witterung, die eigene körperliche Schwäche und die Schmerzen, auch manche Zweifel und die Versuchung umzukehren, sind dann vergessen.

Manche traditionellen Wallfahrten haben sogar eigene Einzugslieder, so das im nordwestdeutschen Raum bekannte „Viel deiner Schäflein sind nun angekommen". Wer nach einem mühsamen Weg nun die Wallfahrtskirche betritt, vor dem Kreuz, dem Gnadenbild oder auch dem Grab eines Heiligen kniet, erlebt schon hier etwas von der Freude, die ihn einmal ganz erfüllt, wenn er das Ziel seines Lebens erreicht hat und bei Gott ist.

Der Wallfahrtsort will nur ein Zeichen sein für das himmlische Jerusalem, zu dem der Mensch unterwegs ist. Das Zeichenhafte des Wallfahrtsortes wird ihm bewußt, wenn er hier ausruhen darf von allen Strapazen. So wird er auch einmal von allen Mühen des Lebens ausruhen am endgültigen Ziel, das er dann nie wieder zu verlassen braucht. Dann wird Wirklichkeit, wovon die Offenbarung des Johannes spricht: „Selig die Toten, die im Herrn sterben, von jetzt an; ja, spricht der Geist, sie sollen ausruhen von ihren Mühen; denn ihre Werke begleiten sie" (Offb 14, 13).

Der Wallfahrtsort als Ziel ist im Verlauf des Lebens nur eine Station auf dem Weg, an dem der Christ neue Stärkung erhält, um dann weiterzugehen dem endgültigen Ziel entgegen.

4. Abschied

Während in der Frühzeit der Kirche die Pilger auf mühevollem Weg zum Wallfahrtsort kamen, um dort den Rest ihres Lebens am Grab des bzw. der Heiligen zu verbringen und dort auch zu sterben, weil die räumliche Nähe zu den Heiligen, wie sie glaubten, ihnen die Fürsprache sicherte, verlassen heute die Wallfahrer wieder den Wallfahrtsort. Der Auszug geschieht bei manchen Wallfahrten auf besonders feierliche Weise. Wer einmal mit einem großen Pilgerzug in Rom oder in Lourdes war, erinnert sich, wie in einer besonderen Abschiedsandacht noch einmal die Anliegen der Wallfahrer zusammengetragen werden.

Solange wir leben, müssen wir Abschied nehmen von Orten und Menschen, von einzelnen Zeiten, bis hin zum letzten Abschied, wenn wir diese Welt verlassen. Im Abschied wird in besonderer Weise die Begrenztheit des Lebens deutlich. Jede Trennung und jeder Abschied bereitet Schmerz, der um so tiefer geht, je näher sich Menschen stehen und je mehr Zeit bis zum Wiedersehen vergeht. Im Abschied erfährt jeder, wie begrenzt sein Glück ist, das er hier nie verewigen kann.

Wenn schon hier das Wort angewandt werden darf, daß Abschiednehmen immer ein Stück Sterben sei, so noch mehr, wenn durch den Tod eine Lücke im Leben des Einzelnen und der Gemeinschaft gerissen wird. Mit dem Tod eines anderen muß der Mensch auch ein Stück von sich selbst, nämlich die mit ihm verbrachte Zeit, endgültig der Vergangenheit anheimgeben. So bedeutet der Abschied, der mit dem Tod eines anderen verbunden ist, auch immer schon ein Stück des eigenen Sterbens, ein Schritt auf diesen letzten Weg hin.

Abschiedsworte finden wir in der Antike, etwa in Platons Dialog „Phaidon", der vom Sterben des Sokrates handelt, ebenso wie im Alten Testament, in dem in besonders eindrucksvoller Weise die Segenssprüche der Patriarchen, namentlich der Segen Jakobs über die Stämme, überliefert sind (vgl. Gen 49). Auch die großen Führer des Volkes Israel wie Mose, Josua, Samuel und König David sprechen Abschiedsworte. Im Johannesevangelium sind die Abschiedsreden Jesu (vgl. Joh 13, 31–17, 26) ein bleibendes Vermächtnis des Herrn an seine Gemeinde. Auch die sieben Worte Jesu am Kreuz haben in der christlichen Frömmigkeit immer eine große Bedeutung gehabt. In unterschiedlicher Weise wird davon gesprochen, wie unser Leben mit dem Tod nicht beendet wird, sondern auf veränderte Weise neu beginnt.

Der Abschied vom Wallfahrtsort ist für den Pilger ein Zeichen dafür, daß er auch an diesem Ziel keine für immer bleibende Stätte, keine Heimat besitzt, sondern daß er, hier gestärkt, wieder in den Alltag zurückkehrt. Jedes Wallfahrtsziel ist nichts anderes als eine Station auf dem Pilgerweg des Lebens zum himmlischen Jerusalem, von dem es in der Offenbarung des Johannes heißt: „Die Völker werden in diesem Licht einhergehen, und die Könige der Erde werden ihre Pracht in die Stadt bringen. Ihre Tore werden den ganzen Tag nicht geschlossen – Nacht wird es dort nicht mehr geben. Und man wird die Pracht und die Kostbarkeiten der Völker in die Stadt bringen" (Offb 21, 24–26). Jeder Wallfahrtsort ist ein Abbild dieser heiligen Stadt in ihrer Vollendung. Auch wenn der Pilger noch verweilen möchte, so ist das doch nicht möglich. Er muß zurück in seinen Ort, zu der Aufgabe, die ihm gestellt ist. Er muß seinen Weg weitergehen.

Auch ein Rückweg vom Wallfahrtsort kann schwerfallen, kann, genau wie der Hinweg zur Wallfahrtsstätte, alle körperlichen Kräfte fordern. Doch der Pilger hat eine Vision gehabt, das schwache Abbild des himmlischen Jerusalems, des endgültigen Ziels, das er nicht mehr zu verlassen braucht, an dem er für immer bei Gott in der Gemeinschaft mit anderen leben wird. Auf dem weiteren Lebensweg wird in seiner Erinnerung das Bild des Ortes, den er als Pilger aufgesucht hat und den er wieder verlassen muß, lebendig bleiben. Oft ist es ein verklärtes Bild. Er denkt nicht mehr an das Unvollkommene, das mit allem Irdischen verbunden ist. Körperliche Anstrengungen, Mühen und Entbehrungen sind vergessen. Doch er hat nur ein Bild gefunden, die endgültige Zukunft steht noch aus. Das Ziel ist noch nicht erreicht. Aber in ihm ist der Mut gewachsen, trotz aller Sorgen, Enttäuschungen und Schwierigkeiten wie ein Pilger auf dieses letzte Ziel zuzuschreiten.

II. Unterschiedliche Wallfahrtsstätten

Wie unterschiedlich, vom Objekt der Verehrung her, Wallfahrtsorte sein können, wird aus dem 1990 erschienenen Buch „Die deutschen Wallfahrtsorte" (Susanne Hansen [Hrsg.], a.a.O.) deutlich. Es gibt Orte mit Grabstätten und Reliquien von Heiligen und Orte, an denen ein Bild, meistens ein Marienbild, verehrt wird. Die Verehrung des Kultbildes jedoch ist in der westlichen Kirche verhältnismäßig spät aufgekommen.
Der Ausgang der christlichen Wallfahrt in den ersten Jahrhunderten war die Pilgerfahrt in das Heilige Land. Es ist auch in unseren Tagen Hauptwallfahrtsziel von Christen aus der gesamten Welt und aus den verschiedenen christlichen Kirchen und Gemeinschaften.
Der eigentliche Wallfahrtsort der Christen und Juden ist Jerusalem, die Stadt, die auch für den Moslem eine große Bedeutung hat, da hier nach islamischer Überlieferung Mo-

hammeds Himmelfahrt stattgefunden haben soll. Für den Christen aber ist es nicht allein die Stadt, in der der Sohn Gottes gelitten hat, gestorben ist und vom Tod zum Leben erweckt wurde, die ihn zu einer Wallfahrt bewegt. Auch die anderen Orte aus dem Leben Jesu – Betlehem, die Stätte seiner Geburt, Nazaret, wo er aufwuchs, die zahlreichen kleinen Orte um den See Gennesaret und die Stätten, von denen das Evangelium sonst noch berichtet – lassen die Erinnerung an das Heilswirken des Herrn lebendig werden und schenken dem Pilger Anregungen zu Gebet und Meditation. Deshalb wird das Heilige Land oft als das „fünfte Evangelium" bezeichnet.

1. Christuswallfahrtsorte

Viele Stätten, besonders im europäischen Raum, bewahren die Erinnerung an die Person Jesu, vornehmlich an sein Leiden. Sie sind häufig mit Reliquien des Kreuzes oder mit Leidenswerkzeugen ausgestattet. Oft brachten Heilig-Land-Pilger und, in besonderer Weise, Kreuzfahrer im Mittelalter Reliquien als Erinnerungen mit in die Heimat. Splitter des Kreuzes Jesu z.B. waren ein begehrtes Objekt. Wer eine Kreuzreliquie, und war sie noch so klein, in die Heimat mitbrachte, konnte für den Ort, an dem er sich niederließ, eine Wallfahrt ins Leben rufen.

Natürlich waren diese Reliquien bei weitem nicht alle echt. So wie es heute Bilderfälscher gibt, waren in früheren Zeiten Reliquienfälscher am Werk. Auch werden an verschiedenen Orten die gleichen Reliquien verehrt, wie die Geißelsäule, Jesu Lendentuch oder das Schweißtuch der Veronika oder die Dornen aus Jesu Krone. Die bekannteste und bis heute umstrittene Reliquie ist das Grablinnen Christi, das in Turin verehrt wird.

Gegenüber diesen Gegenständen, die mit dem Leiden des Herrn in Zusammenhang gebracht werden, spielen die Reliquien aus seinem übrigen irdischen Leben wie seine Krippe, die in S. Maria Maggiore in Rom verehrt wird, oder das Haus von Nazaret in Loreto eine untergeordnete Rolle.

Dem heutigen Besucher eines Wallfahrtsortes ist es weitgehend gleichgültig, ob es sich hier um eine „echte" Reliquie handelt oder nicht. Er sieht im Kreuz oder auch in einem Leidenswerkzeug ein Symbol der Liebe Christi, einer Liebe, die sich bis in den Tod hinein für das Heil der Welt hingegeben hat. Zugleich gibt sie dem Pilger die Zuversicht, daß er auf dem Weg der Nachfolge des Gekreuzigten das Ziel seiner irdischen Pilgerfahrt erreichen kann. Das Kreuz ist seit Jesu Sterben und Auferstehen Symbol nicht nur für den Tod, sondern auch für das Leben. Deshalb kann der Glaubende einstimmen in den alten Hymnus, den die Kirche am Karfreitag betet: „Im Kreuz ist Heil, im Kreuz ist Leben, im Kreuz ist Hoffnung!"

Andere Wallfahrtsorte wiederum zeigen Bilder des Herrn auf dem Weg seines Leidens. Häufige Motive sind „Christus auf der Rast", „Christus Salvator" oder die Gestalt des gegeißelten Herrn, etwa in der bekannten Wieskirche in Steingaden. Die Herz-Jesu-Bilder, wie in Kloster Arnstein bei Koblenz, sind ihnen gegenüber jüngeren Datums.

Von besonderer Art sind die Wallfahrtsorte zum Heiligen Blut, etwa der gleichnamige Wallfahrtsort am Großglockner in Österreich und Walldürn zwischen Würzburg und Heilbronn. Es handelt sich dabei gewöhnlich nicht um Stätten, an denen eine Reliquie mit dem am Kreuz vergossenen Blut Christi verehrt wird, wie wir sie etwa im Kloster Weingarten finden. Sie entstanden vielmehr aus der Eucharistielehre der Kirche. So wird in Walldürn ein Korporale verehrt, das sich rot färbte, als ein Priester aus Unachtsamkeit den konsekrierten Wein während der Messe verschüttete.

Oftmals, wie in Rulle bei Osnabrück oder in Erding in Bayern, gab ein Hostienfrevel den Ausschlag. Erst die Lehre von der Realpräsenz Christi in der Eucharistie, die sich bis zum späten Mittelalter entwickelt hatte, schuf die Grundlage für diese Wallfahrten. Der Mensch unserer Tage wird so hingeführt zum Geheimnis des für uns vergossenen Blutes Christi, wie wir in der Eucharistie immer wieder feiern.

2. Marienwallfahrtsorte

Während sich in der Kirche des Ostens die Verehrung der Bilder (Ikonen) im Kult verhältnismäßig früh entwickelte, hat sich diese im abendländischen Raum erst relativ spät durchgesetzt. Sie aber ist Voraussetzung für die Entstehung von Marienwallfahrtsorten. Zwar wurden auch schon vorher einige Reliquien der Mutter des Herrn, z.B. das Kleid der Muttergottes in Aachen, verehrt und in Wallfahrten aufgesucht, doch die meisten Marienwallfahrtsorte entstanden erst in der Zeit, als auch in der Kirche des Westens die Verehrung von Kultbildern aufkam.

Da die Bilder eine Ähnlichkeit mit der dargestellten Person haben sollten, schrieb die Legende im Anfang ihren Ursprung Engeln zu, die sie gemalt hätten. Es gab sogar einen besonderen Typus von Marienbildern, die man dem Evangelisten Lukas zuschrieb. Da in seinem Evangelium Maria eine relativ große Rolle spielt, glaubte man lange Zeit, diese Bilder seien von ihm gemalt worden. Obgleich viele der heute verehrten Mariengnadenbilder schon aus dem Mittelalter stammen, muß man ihre Verehrung später ansetzen, nämlich nach dem Konzil von Trient (1545–1563).

Die Marienverehrung war zwar schon im Spätmittelalter besonders gewachsen, ihr Höhepunkt aber liegt in der Zeit der Gegenreformation, wo sie geradezu ein Kennzeichen für die Ablehnung der reformatorischen Lehre war. Von jetzt an entstanden die großen Marienwallfahrtsorte mit Bildern der Mutter des Herrn. Es gab gemalte Bilder wie in der Ostkirche, so in Tschenstochau/Polen, in Kevelaer (eine Kopie des Bildes der Luxemburger Madonna) oder das „Maria-Hilf-Bild" in Passau, aber auch plastische Darstellungen, die die Ostkirche nicht kennt, so in Altötting, in Einsiedeln/Schweiz und in Mariazell/Österreich.

Der bekannteste Typus des Marienwallfahrtsbildes der Ost- wie der Westkirche ist der der jungen Mutter mit dem Kind auf dem Arm. Die gemalten Ikonen und Bilder zeigen Maria mit dem Kind ebenso wie auch plastische Darstellungen, etwa die Gnadenbilder von Altötting, Werl oder die Goldene Madonna in der Münsterkirche in Essen. Alle diese Bilder bringen zum Ausdruck, daß nicht Maria selbst im Mittelpunkt steht, sondern sie innig verbunden ist mit ihrem Sohn und alle Gnaden nur von ihm her besitzt. Zu ihm will sie die Pilger führen, wie es im Salve Regina heißt: „Und zeige uns Jesus, die gebenedeite Frucht deines Leibes."

Besonders ergreifend ist die Darstellung der Pieta, das Vesperbild, das im Spätmittelalter aufkam und vor allen Dingen den leidenden Menschen anspricht. In einer Zeit, in der die Pest ganze Gebiete entvölkerte, Hungersnöte die Menschen dahinrafften und überall Kriege herrschten, kam das Bild der Mutter Jesu auf, die den Leichnam ihres Sohnes auf dem Schoß trägt. An keiner Stelle der Schrift wird davon berichtet, daß Maria nach der Kreuzabnahme den toten Jesus auf ihre Knie genommen hat. Das Bild ist kein Festhalten eines historischen Ereignisses, sondern eine gestaltgewordene Meditation menschlicher Liebe, geprägt von erschütterndem Leid, aber auch voll unendlicher Hoffnung.

Wallfahrtsbilder der Schmerzhaften Mutter gibt es überall. In Deutschland stehen die bekanntesten im Würzburger Käppele, in Dettelbach, in Maria Buchen im Spessart, in Bochum-Stiepel im Ruhrgebiet und im westfälischen Telgte. Seltener dagegen ist das Bild Marias mit den sieben Schwertern des Leids in der Brust.

Die Darstellung Marias in ihrer Verherrlichung dagegen ist als Wallfahrtsbild nicht weit verbreitet. Ähnlich ist es mit den Darstellungen der Unbefleckten Empfängnis, die als Gnadenbilder selten besucht werden. Die bedeutendste Wallfahrt im deutschsprachigen Raum zu einem solchen Bild ist die nach Neviges, das in jedem Jahr das Ziel von 200 000 Pilgern ist. Hier ist Maria ohne ihren Sohn dargestellt, wie an den beiden größten Marienwallfahrtsorten Europas, Lourdes und Fatima, wo die Plastiken nach den Angaben der Seherkinder hergestellt wurden.

3. Wallfahrtsorte der Heiligen

Im Vergleich zu den zahlreichen Marienwallfahrtsorten hat die Wallfahrt zu den Stätten anderer Heiliger nicht mehr die Bedeutung, die sie in der Vergangenheit hatte. Ursprünglich waren ja vor allem die Gräber der Apostel und auch die von bedeutenden Märtyrern das Ziel der Wallfahrer. Später kamen dann noch die Grabstätten derer hinzu, die zwar nicht das Martyrium erlitten, aber ein besonders vorbildliches Leben geführt hatten. Auch ihre Fürsprache riefen die Pilger an. Im Mittelalter, in dem der Reliquienkult sich besonders entwickelte, wurden die Gebeine der Heiligen manchmal geteilt, so daß an unterschiedlichen Orten der bzw. die gleiche Heilige verehrt wurde.

Zahlreiche Heiligendarstellungen sind das Ziel vieler Wallfahrten. Besonders die heilige Anna, die Mutter Marias, genießt noch heute große Verehrung. Ob der Annaberg im oberschlesischen Raum, im heutigen polnischen Bistum Oppeln gelegen, oder in Haltern am Rande des Ruhrgebiets: Die Gnadenbilder zeigen die heilige Anna mit ihrer Tochter Maria und dem Kind Jesus. Die drei Generationen lassen in besonderer Weise die Bedeutung der Familie erkennen.

Doch spielt die Wallfahrt zu Bildern von Heiligen nur eine sehr untergeordnete Rolle im Vergleich zu den vielen Grabstätten, zu denen auch heute viele Wallfahrten führen. Hier ist zunächst Rom mit den Gräbern der Apostelfürsten Petrus und Paulus zu nennen. Je größer die Bedeutung des Papsttums wurde, desto mehr entwickelte sich auch die Wallfahrt zur Ewigen Stadt, die noch gefördert wurde durch die Einführung der Jubiläumsjahre, der sogenannten Heiligen Jahre.

Die gleiche Bedeutung, wenn nicht zeitweise eine noch größere, hatte im Mittelalter das Grab des Apostels Jakobus in Santiago de Compostela in Spanien, zu dem Pilgerwege aus zahlreichen europäischen Ländern führten. Gerade in unseren Tagen wird diese Wallfahrt wieder belebt. Das einzige Apostelgrab nördlich der Alpen, das Matthiasgrab in Trier, hat diese Bedeutung nie erreicht; aber viele Wallfahrer machen sich dorthin auf den Weg, gerade auch dann, wenn der Heilige Rock im Dom zu Trier gezeigt wird.

Die Wallfahrt zu den Gräbern der Apostel drückt nicht nur die Verehrung für die ersten Glaubenszeugen aus, sondern sie hebt auch hervor, daß die Kirche sich verbunden weiß mit denen, auf deren Fundament sie steht. Dies wird besonders deutlich bei einer Wallfahrt nach Rom, wo man neben dem Besuch der beiden Apostelgräber im Petersdom und in St. Paul vor den Mauern auch dem Papst begegnet, der in der Nachfolge des ersten Apostels steht und das Petrusamt heute ausübt.

In der gesamten Welt gibt es Grabstätten von Heiligen und Orte, an denen ihre Reliquien aufbewahrt und verehrt werden. In den ersten Jahrhunderten waren es nur die Märtyrergräber, die man aufsuchte, weil man davon überzeugt war, daß diejenigen, die ihr Leben für Christus hingegeben haben, auch für immer in der Vollendung leben. In späterer Zeit kam dann die Verehrung derer hinzu, die ein vorbildliches außergewöhnliches Leben aus dem Glauben geführt haben, und deshalb von Gott verherrlicht worden sind. Gerade dann, wenn sich Wunder und Krankenheilungen an ihren Gräbern ereigneten, wurden ihre Grabstätten zu Wallfahrtsorten.

Neben den bedeutenden und überall verehrten Gestalten hat jedes Volk seine Nationalheiligen; Bistümer und einzelne Stände feiern ihre Heiligen und sind zu deren Gräbern unterwegs.

Die Motive für die zahlreichen Wallfahrten zu den Stätten der Heiligen haben sich heute erheblich gewandelt. Standen in der Vergangenheit die Gnaden im Vordergrund, die man auf die Fürsprache der Heiligen zu erlangen hoffte, so ist es heute eher das Vorbild der Heiligen, das die Menschen zu einer Wallfahrt bewegt. Der Reliquienkult, der bis in unser Jahrhundert hinein eine gewisse Bedeutung hatte, ist heute in Deutschland weitgehend zurückgedrängt; kaum jemand glaubt mehr, durch das Aufsuchen und Berühren der Reliquien irdisches Wohlergehen und das Heil bei Gott zu erlangen. In südlichen Ländern aber ist der Reliquienkult, wie er sich etwa bei der Verflüssigung des Blutes des heiligen Januarius an seinem Gedenktag zeigt, noch immer sehr lebendig.

Auch zu Ablässen, die Rom bestimmten Wallfahrtsorten gewährte, an denen das Grab eines Heiligen war, haben Pilger in unseren Tagen keinen rechten Zugang mehr, ob es sich dabei um den Jubiläumsablaß anläßlich des Heiligen Jahres handelt, um den Päpstlichen Segen, der an Festtagen an einigen Wallfahrtsorten erteilt wird, oder auch um bestimmte Gebete, die man auf dem Weg oder am Wallfahrtsort selber verrichtet. So entwickelt jede Zeit ihre eigenen Frömmigkeitsformen.

III. Formen der Frömmigkeit am Wallfahrtsort und auf dem Weg

Nicht nur die Motive für eine Wallfahrt ändern sich, auch die Formen der Frömmigkeit unterliegen dem Lauf der Zeit. Jüngeren Pilgern sind z.B. die Reliquienverehrung und das Ablaßwesen heute völlig fremd. Anderes wiederum ist nichtverzichtbarer Bestandteil fast jeder Wallfahrt, so die Feier der heiligen Eucharistie. Auch der Empfang des Bußsakramentes wird vielfach noch mit einer Wallfahrt verbunden. Neben Pilgerpredigt, Pilgerandacht und stillem Gebet gehören der Kreuzweg, das Rosenkranzgebet und andere traditionelle Gebete und Lieder einfach dazu.

1. Die Feier der Eucharistie

Die Gedächtnisfeier von Jesu Tod und Auferstehung ist für die Kirche Mittelpunkt allen Handelns, wie es auf dem Zweiten Vatikanischen Konzil deutlich herausgestellt wurde. Durch den Empfang des heiligen Mahles wird der Mensch gestärkt auf seinem Weg zu Gott hin. Hier wird ihm die Kraft geschenkt, die der Prophet Elija auf seinem Weg zum Gottesberg Horeb ähnlich erfahren hat, als ihm, während er völlig niedergeschlagen war und am liebsten sterben wollte, ein Engel Speise und Trank brachte mit der Aufforderung, zu essen und zu trinken, da sonst der Weg zu weit sei. Vom Propheten heißt es dann: „Da stand er auf, aß und trank und wanderte, durch diese Speise gestärkt, vierzig Tage und vierzig Nächte bis zum Gottesberg Horeb" (1 Kön 19, 8).

Diese Speise und dieser Trank ist für den Christen auf seinem Lebensweg der Empfang des Leibes und Blutes Christi. Jesus Christus selber sagt in der Synagoge von Kafarnaum: „Denn mein Fleisch ist wirklich eine Speise, und mein Blut ist wirklich ein Trank. Wer mein Fleisch ißt und mein Blut trinkt, der bleibt in mir, und ich bleibe in ihm" (Joh 6, 55 f.).

Das Leben wird oft mit einer Pilgerreise verglichen. Wer auf dem Weg zur Vollendung ist, braucht immer wieder diese Nahrung. Ein altes Kirchenlied aus dem Jahre 1649 führt diesen Gedanken aus: „O wunderbare Speise auf dieser Pilgerreise, o Manna, Himmelsbrot, wollst unsern Hunger stillen, mit Gnaden uns erfüllen, uns retten vor dem ewgen Tod" (Gotteslob, Nr. 503).

Ohne Essen und Trinken bleibt der Mensch auf der Strecke, kann nicht weiter und muß elend zugrunde gehen. Das gilt im alltäglichen Leben und wird besonders deutlich bei denen, die auf der Flucht sind, die keinen Proviant mehr haben oder denen bei einer Berg- oder Wüstenwanderung die Speise oder gar das Wasser ausgeht. Dies ist auf dem Glaubensweg des Menschen zu Gott genauso: Ohne die Stärkung, die von Gott kommt, kann er seinen Weg nicht zurücklegen. Der Mensch erhält Kraft aus dem Wort Gottes und Nahrung in der Eucharistie.

Die Eucharistiefeier steht heute gewöhnlich im Mittelpunkt des Geschehens und wird meistens am Wallfahrtsort als Höhepunkt der gesamten Wallfahrt gefeiert. Nicht nur die

Pilger, die den ganzen Weg zu Fuß zurückgelegt haben, nehmen daran teil, sondern auch die, welche aufgrund von Alter, Krankheit oder aus irgendeinem anderen Grund den Fußweg nicht mitmachen können: Hier finden sich alle ein, selbst wenn sie mit Bussen oder Privatwagen nachgekommen sind. Die Eucharistiefeier am Wallfahrtsort macht deutlich, daß nicht das verehrte Bild oder ein Grab im Zentrum stehen, sondern immer Jesus Christus, dessen Tod und Auferstehung die Pilger in der Eucharistie feiern. Sie hat meistens einen besonders festlichen Charakter, denn sie soll andeuten, daß nach allen Mühen des Weges die Freude wartet. So werden die Pilger für ihren Heimweg und für ihren weiteren Lebensweg, an dessen Ende das himmlische Hochzeitsmahl steht, gestärkt.

Mehrtägige Wallfahrten beginnen häufig mit der Feier der Eucharistie. So werden die Wallfahrer, noch bevor sie sich auf den Weg machen, gespeist mit dem Wort Gottes und dem eucharistischen Brot. Sie sammeln sich vor Gott, gedenken der Anliegen, in denen sie die Wallfahrt unternehmen, und brechen dann auf. Am Ende des Eröffnungsgottesdienstes wird das Kirchliche Reisegebet gesprochen, in dem man um den Schutz Gottes für die Pilgerfahrt bittet. So werden die Menschen, die aus verschiedenen Familien, Gemeinden und vielleicht sogar aus unterschiedlichen Orten kommen, zu einer großen Weggemeinschaft zusammengeführt.

2. Der Empfang des Bußsakramentes

In der Vergangenheit gehörte zu einer Wallfahrt immer auch der Empfang des Bußsakramentes. Das hing sicher mit der engen Verbindung von Beichte und Eucharistieempfang zusammen: Da man nur drei- oder viermal im

Jahr die Eucharistie empfing, beichtete man natürlich vorher. Das hielt auch dann noch an, als nach dem Kommuniondekret Papst Pius' X. die tägliche, zumindest die wöchentliche Kommunion für die meisten selbstverständlich wurde. Die vierwöchentliche Beichte wurde von den meisten Gläubigen praktiziert. Fast jeder, der an einer Wallfahrt teilnahm, beichtete entweder vorher oder am Wallfahrtsort selbst. In alten Wallfahrtsbüchern findet sich sogar die Mahnung, bevor man die Wallfahrt beginne, solle man sein Gewissen so erforschen und sein Schuldbekenntnis so ablegen, als trete man im Tod vor Gottes Angesicht.

Hier ist in den letzten Jahrzehnten eine große Wandlung eingetreten. Die Beichtpraxis der meisten steckt in einer tiefen Krise. Heute ist es durchaus nicht mehr selbstverständlich, daß die Pilger vor einer Wallfahrt das Bußsakrament empfangen. So werden heute zu Beginn einer Wallfahrt kaum noch Beichtgelegenheiten angeboten, weil die Zahl der Beichtwilligen, trotz wachsender Teilnehmerzahl bei Wallfahrten, abgenommen hat. Diejenigen, die heute die Wallfahrt mit dem Empfang des Bußsakraments verbinden, tun dies meistens am Wallfahrtsort selbst. Doch auch hier ist die Zahl der Beichtenden erheblich zurückgegangen.

Selbstverständlich wird an den großen internationalen Wallfahrtsorten wie Lourdes in einigen Beichtkapellen fast den ganzen Tag über Gelegenheit zur Beichte gegeben. Auch in den großen deutschen Wallfahrtsorten wie Altötting oder Kevelaer wird das Angebot zur Beichte noch immer gern angenommen, doch kommt eben nur ein Bruchteil der Pilgerschar. Das darf nicht nur negativ bewertet werden; bei den zahlreichen Pilgern, die in der Vergangenheit kamen, waren oft die Beichtenden durch lange Wartezeiten überfordert und die Beichtväter nur mit größter Mühe dem Andrang gewachsen. Das Ergebnis war, daß

Bekenntnis und Zuspruch bei einer ganzen Reihe von Beichten zur reinen Routine wurden.

Doch Wallfahrt hat immer auch mit Umkehr zu tun. Der beschwerliche Weg, der den Pilger an seine Grenzen führt, ist auch ein Werk der Buße, der Erneuerung und der Hinwendung zu Gott. Im Mittelalter wurde eine Wallfahrt nach Jerusalem, nach Rom oder Santiago de Compostela als Bußwerk bei schwerer Schuld verordnet und erst nach dieser Verrichtung die Lossprechung erteilt. Hier liegt auch der Grund dafür, daß Wallfahrtsorte, die ein Ablaßprivileg besaßen, besonders gern von Pilgern aufgesucht wurden. Mag die damit verbundene Heilsangst auch manche in eine falsche Werkfrömmigkeit geführt haben, gegen die die Reformatoren mit Recht ihre Stimme erhoben, so ist gerade die Verbindung von Wallfahrt und Empfang des Bußsakramentes besonders sinnvoll, denn der Pilger möchte nicht nur seinen Wohnort, sondern auch seine Schuld hinter sich lassen, um sich dann wieder neu auf den Weg zu begeben, der ihn zu Gott führt.

3. Besondere Frömmigkeitsformen

Neben der Feier der Sakramente von Eucharistie und Buße, bei Krankenwallfahrten in Lourdes und an anderen Wallfahrtsorten aber auch die Krankensalbung, haben sich im Laufe der Zeit besondere Gebetsformen herausgebildet, die oft schon seit Jahrhunderten ein fester Bestandteil fast aller Wallfahrten sind.

a) Das Rosenkranzgebet

Das Rosenkranzgebet, das auch in unseren Tagen bei fast allen Wallfahrten verrichtet wird, ist vor allem ein Gebet für den Weg. Wie das Jesusgebet der Ostkirche ist auch das Rosenkranzgebet der westlichen Kirche vom Rhythmus her bestimmt: Der Wechsel zwischen Vorbeter und Antwortenden ist eine Form, die Stationen im Leben Christi und seiner Mutter zu betrachten. Einige der Gesätze haben ja sogar den Weg Jesu und Marias im Blick: „den du, o Jungfrau, zu Elisabet getragen hast", „den du, o Jungfrau, im Tempel wiedergefunden hast" und „der für uns das schwere Kreuz getragen hat". Die Beter auf der Wallfahrt begleiten den Herrn und seine Mutter auf ihren Wegen, schließen sich ihnen gerade als Pilger an und werden dadurch hineingenommen in die großen Geheimnisse des christlichen Lebens.

Vielen fällt das Rosenkranzgebet heute schwer. Sie empfinden die Wiederholungen als ermüdend und langweilig. Vor allen Dingen bei Jugendlichen ist es bis auf wenige Ausnahmen so gut wie vergessen.

Zur Wallfahrt gehört der Rosenkranz neben dem Pilgerbuch. Besonders bei Regen und Sturm, wenn es schwierig ist, aus einem Buch zu beten, ist das Rosenkranzgebet eine leichte Form des Betens. Aber der Rosenkranz ist auch ein besonderes Abbild des irdischen Pilgerweges: Durch sein Leben und seine Passion kommt Christus zur Vollendung, die er dem Menschen, dem er auf Erden am nächsten stand, seiner Mutter, schon geschenkt hat. Auch der Christ geht diesen Weg im Vertrauen auf den, der ihm vorausgegangen ist.

Vielleicht werden die, welche sonst dieses Gebet kaum pflegen, sich aber auf der Wallfahrt darauf eingelassen haben, auch in bestimmten Situationen ihres Lebens wieder zum Rosenkranz greifen: in Ängsten, beim Warten, in Leiden oder wenn ein Mensch seine letzte Strecke dem Tod entgegengeht. Immer kann man ihn in bestimmten Anliegen beten, auch auf der Wallfahrt. So fühlt der Glaubende im Rosenkranzgebet sich Christus und seiner Mutter verbunden, zugleich aber auch den Menschen, für die er vor Gott eintritt.

b) Der Kreuzweg

Zu den Höhepunkten einer Pilgerfahrt in das Heilige Land zählt sicher das Kreuzweggebet auf der Via Dolorosa in Jerusalem, dem Weg, den die Tradition als die letzte Strecke im irdischen Leben Jesu verehrt, auf dem er mit dem Kreuz vom Haus des Pilatus bis zum Berg Golgota gegangen sein soll. Zur Erinnerung an die Begebenheiten auf dem Weg hat man im Mittelalter hier Gedenksteine und Kapellen errichtet. Da in früheren Zeiten nur wenige Menschen die Gelegenheit hatten, in das Heilige Land zu pilgern und den Kreuzweg Jesu in Jerusalem nachzugehen, hat man in Kirchen oder im Freien, besonders an Wallfahrtsorten, Kreuzwegstationen mit Bildern und Begebenheiten des Leidensweges Jesu errichtet.

Wallfahrer, die bei langen Fußwallfahrten Ermüdung, Schmerzen, ja Erschöpfung am eigenen Leib spüren, haben einen besonderen Zugang zum Kreuzweggebet. Häufig verrichten sie diese Andacht schon auf dem Weg zum Wallfahrtsort, auch wenn keine Bilder das Geschehen verdeutlichen.

Am Wallfahrtsort selbst gehört das Kreuzweggebet zum festen Programm eines Pilgertages. Je größer und bedeutender der Wallfahrtsort ist, desto eindrucksvoller ist auch der Kreuzweg, so die überlebensgroßen Kreuzwegstationen in Lourdes, die, wie das oft der Fall ist, einen Berg hinauf- und hinabführen. In Tschenstochau sind sie an der gegenüberliegenden Seite der Mauer errichtet, die das Kloster mit dem Wallfahrtsheiligtum umgibt.

Auch die moderne Kunst wagte sich an den Kreuzweg. Als Beispiel sei der von Heinrich Bücker errichtete Kreuzweg im westfälischen Wallfahrtsort Telgte genannt, der auf zwei Fallstationen und auf die 13. Station, die im Wallfahrtsbild dargestellt ist, verzichtet, dafür aber mit der Auferstehung des Herrn den Kreuzwegzyklus beschließt. Den Kreuzweg nicht mit der Grablegung, sondern mit der Auferstehung Jesu enden zu lassen, rückt die Zweieinheit von Tod und Auferstehung neu ins Bewußtsein.

Viele unterschiedliche Kreuzwegandachten sind im Laufe der letzten Jahrzehnte geschaffen worden: solche, die stark auf biblische Worte zurückgehen, andere, die sich, wie die Kreuzwegbetrachtung Romano Guardinis, mehr für das Gebet des Einzelnen eignen, und solche, die stärker das Wechselgebet in der Gemeinschaft pflegen.

Gerade dieses Gebet hat in den letzten Jahren im Vergleich zum Rosenkranz wieder neue Beheimatung im Gebetsschatz der Christen gefunden, vielleicht deshalb, weil der Mensch deutlicher als früher nicht nur die Leiden und Kreuze im eigenen Leben und in der unmittelbaren Umgebung wahrnimmt, sondern durch die zahlreichen Möglichkeiten weltweiter Kommunikation auch von den Leiden derjenigen erfährt, die in den verschiedenen Ländern der Welt die Kreuze des Hungers, der Armut, der Folter, der Unfreiheit und der Verachtung tragen müssen. Deshalb vermittelt der Jugendkreuzweg, der in der Passionszeit von jungen Menschen gegangen und gebetet wird, für Jugendliche einen neuen Zugang zum Gebet.

Jörg Zink bedauert, daß diese Gebetsform den Kirchen der Reformation verlorengegangen ist (Wie wir beten können, Kreuz-Verlag, Stuttgart 1970, S. 132). Am Jugendkreuzweg in der österlichen Bußzeit nehmen in einer ökumenischen Veranstaltung junge Christen der verschiedenen Konfessionen teil. Was für den Beter des Kreuzwegs heute wichtig ist, nämlich den Blick nicht nur auf den leidenden Herrn und das eigene Leben, sondern auch auf die leidende Welt zu richten, wird in den Textvorlagen des Jugendkreuzwegs besonders herausgestellt.

Für die Wallfahrt eignet sich das Kreuzweggebet besonders gut, weil sie ja Sinnbild des Lebensweges ist, der trotz der Zukunftshoffnung immer auch von Leiden und Schmerzen mitbestimmt wird. Gerade das Mitgehen auf dem Leidensweg Jesu, die Betrachtung seines Sterbens, das jeder Mensch zu bestehen hat, führt ihn als Glaubenden auch hin zur Auferstehung, die an Jesus schon Wirklichkeit geworden ist, am Menschen aber sich noch vollenden wird.

c) Wallfahrtsgebete und Wallfahrtslieder

Neben dem Rosenkranz und dem Kreuzweg gibt es zahlreiche Gebete und auch Lieder, die aus dem Gebet- und Gesangbuch „Gotteslob" übernommen werden. Besonders die alttestamentlichen Psalmen, von denen einige ja schon bei der Wallfahrt des Volkes Israel benutzt wurden und als Wallfahrtspsalmen gelten, finden auch bei uns auf der Wallfahrt immer wieder ihren Platz. Es sind Gebete, die schon vor über 2000 Jahren von gläubigen Juden gebetet wurden und die wir Christen wie selbstverständlich übernommen haben (vgl. Erich Zenger, Mit meinem Gott überspringe ich Mauern. Einführung in das Psalmenbuch, Verlag Herder, Freiburg 1988, S. 146–150).

Immer wieder werden Litaneien gebetet, die sich durch den Wechsel der Anrufungen besonders gut eignen und das Beten lebendig gestalten. Besonders die Allerheiligenlitanei, die in der Kirche immer eine große Bedeutung hatte, wird bei Wallfahrten gebetet oder die Lauretanische Litanei, wenn der Weg zu einem Marienwallfahrtsort führt.

Zahlreiche Andachten aus dem „Gotteslob" erweisen sich schon deshalb als geeignet, weil ein Wechsel zwischen Vorbeter und Gemeinde es verhindert, daß ein einziger betet, während die anderen nur gehen und zuhören können. Bei starkem Regen kann man das Buch nicht aufschlagen; auch bei großer Ermüdung und Erschöpfung kann man oft einfach nicht mehr den Gebeten und Gesängen folgen, sondern wird dann wirklich nur noch das „Beten mit den Füßen" pflegen. Zu einer Wallfahrt, die in Gemeinschaft zurückgelegt wird, gehört jedoch immer auch neben der Stille das gemeinsame Singen und Beten.

Einige Lieder aus dem „Gotteslob" greifen sogar die Thematik des Wallfahrens auf. Da ist an erster Stelle eines der ältesten Kirchenlieder im deutschsprachigen Raum überhaupt zu nennen, das Wallfahrtslied „In Gottes Namen fahren wir" (Nr. 303), dessen Text wahrscheinlich schon im 14. Jahrhundert entstanden ist. Hier werden Gott Vater, Sohn und Heiliger Geist angerufen, auch Maria und die anderen Heiligen, zu deren Gnadenstätten die Wallfahrten führen. Und schließlich werden die vielfältigen Anliegen genannt, die man auf die Wallfahrt mitnimmt: Vergebung der Schuld, Gewährung des Friedens, Segen für die Ernte und das Bewahren vor Krankheit, Hunger, Irrlehren und allem Übel.

Das zweihundert Jahre später entstandene Lied „Im Frieden dein" (Nr. 473) ist auf Wallfahrten ebenso beliebt, weil der Weg des Menschen in den Blick kommt, der das Mahl der Eucharistie als Stärkung braucht, um das endgültige Ziel zu erreichen.

Von besonderer Eindringlichkeit ist das in den dreißiger Jahren unseres Jahrhunderts während der harten Zeit des Nationalsozialismus entstandene Lied „Wir sind nur Gast auf Erden" (Nr. 656). Vielleicht ist es, da es bei vielen katholischen Beerdigungen und Trauergottesdiensten angestimmt wird, schon „zersungen". Auf der Wallfahrt hat es jedoch seinen besonderen Platz, da es den Weg des Menschen zur ewigen Heimat bei Gott anspricht.

Viele Lieder eignen sich für die Wallfahrt. Weihbischof Paul Nordhues hat eine Reihe zusammengestellt: Zum Gebrauch vom Gotteslob auf Wallfahrten, in: Karsten Walter (Hrsg.), Wallfahrt. In Bewegung auf Gott, Verlag Thomas Plöger, Annweiler 1986, S. 109–113.

Bei Fußwallfahrten sollte man darauf achten, daß der Rhythmus des Gehens nicht behindert wird. Mag der Text noch so geeignet sein, wenn man nicht danach gehen kann, ist ein solches Lied wenigstens für den Weg ungeeignet.

Fast jeder größere Wallfahrtsort hat darüber hinaus ein eigenes Wallfahrtslied. Bekannt sind das Lourdeslied „Die Glocken verkünden" und das Fatimalied mit der gleichen Melodie, die auch Banneux und eine ganze Reihe anderer Wallfahrtsorte übernommen haben. Mit dem polnischen Wallfahrtsort Tschenstochau ist das Lied zur „Schwarzen Madonna" verbunden, das in zahlreiche Sprachen übersetzt wurde. Auch in deutschen Wallfahrtsorten gibt es Lieder, die nur an diesen Stätten gesungen werden, häufig mit der Melodie eines anderen bekannten Liedes. Über den gesamten deutschen Sprachraum ist die Grüssauer Muttergotteslitanei „Muttergottes, wir rufen zu dir" verbreitet, die im Wechsel gesungen wird.

Große Fußwallfahrten bringen ihr eigenes Lied mit, das zum Einzug oder beim Verlassen des Wallfahrtsortes gesungen wird. In Westfalen und am Niederrhein singen die Wallfahrer bei ihrer Ankunft das unserem heutigen Sprach- und Stilempfinden zu romantisierende Lied „Viel deiner Schäflein sind nun angekommen". Die Bocholter Fußpilger nach Kevelaer stimmen ihr Lied „Maria, sei gegrüßet" an. Wenn die Osnabrücker Fußpilger den Wallfahrtsort Telgte verlassen, klingt durch die Straßen das vielstrophige Auszugslied „Zum letzten Mal nach deinem Bild des Pilgers Aug' sich wendet". Es ist nicht verwunderlich, daß mancher Pilger sich diese Lieder auch in den Gemeindegottesdiensten wünscht.

Eröffnet wird eine Wallfahrt meistens mit dem kirchlichen Reisegebet, in dessen Mittelpunkt das Benedictus, der Lobgesang des Zacharias nach der Geburt seines Sohnes Johannes, steht (Lk 1, 68–79). Die Wallfahrer bitten um Gottes Schutz für den Weg, besonders bei Gefahren, und um eine glückliche Heimkehr.

Für das private stille Gebet vor dem Gnadenbild oder beim Abschied vom Wallfahrtsort sind oft genug eigene Texte verfaßt worden. Sie sind für den heutigen Menschen, der es vielfach verlernt hat, persönlich zu beten, eine große Hilfe. Oft greifen sie die Anliegen der Beter auf. Da manche dieser Gebete nicht mehr dem Stil und der Sprache des heutigen Menschen entsprechen, müßten sie unbedingt überarbeitet werden. Einige Gebete werden auch an bestimmten Stationen unterwegs oder nach der Rückkehr in der Heimatkirche verrichtet. Sie haben häufig einen lokalen Bezug und tragen so zur Aktualisierung und Verlebendigung der gesamten Wallfahrt bei.

IV. Zeichen und Andenken

Vielfältig sind die äußeren Zeichen, die zu einer Wallfahrt gehören. Ob es das Kreuz ist, das bei einer Prozession, gleich einer Standarte, vorausgetragen wird und gleichsam das Programm vorgibt: „Wir rühmen uns des Kreuzes unseres Herrn Jesus Christus" (Eröffnungsvers am Fest Kreuzerhöhung), oder die Fahnen, die mitgeführt werden. Bei zahlreichen Wallfahrten tragen die Pilger ein Abzeichen, um ihr Zusammengehörigkeitsgefühl zum Ausdruck zu bringen. Manchmal werden Bildnisse von

Heiligen, besonders der Gottesmutter, mitgetragen, im bayerischen und österreichischen Raum sogenannte Prozessionsstangen, auf deren Spitze eine Heiligenfigur steht. Zeichen des Glaubens sind auch die Kerzen, die entzündet, und das Wasser, dem Heilkräfte zugesprochen werden. Die zahlreichen Devotionalien und Andachtsgegenstände sind Erinnerungszeichen und Geschenke für die Daheimgebliebenen.

1. Wallfahrtsfahnen

In der Einführung zur Segnung einer Fahne schreibt das Benediktionale: „Fahnen sind Zeichen der Gemeinschaft. Ihre Segnung gilt vor allem den Menschen, die sich zusammengeschlossen haben, weil sie sich zu einem gemeinsamen Ideal oder einer gemeinsamen Aufgabe bekennen" (Benediktionale, Verlag Herder, Freiburg-Basel-Wien 1981, S. 220). Fahnen sind also Symbole, Heerzeichen, unter denen man sich zusammenfindet, besonders in Kriegszeiten zu einer Schlacht. Kaiser Konstantin, so erzählt die Legende, sah im Traum das Zeichen des Kreuzes und hörte die Stimme, die ihm zurief: „In diesem Zeichen wirst du siegen!" Er heftete daraufhin das Kreuz auf die Fahnen und gewann die Schlacht.

Im staatlichen Bereich hat die Fahne eine besondere Bedeutung für die Einheit des Volkes. Sie ist Ausdruck einer politischen Gesinnung, wenn man etwa an die Entstehung der schwarz-rot-goldenen Fahne für den demokratischen Staat der Bundesrepublik Deutschland denkt. Sie ist mehr als Schmuck; sie dient dem Bekenntnis zu einer Idee. Das wird besonders deutlich bei einer Vereidigung von Soldaten auf die Fahne des Landes. Wird sie vernichtet, hat das Land unter dieser Idee, die sie symbolisiert, aufgehört zu existieren. Dies wurde 1990 deutlich, als die Fahne der ehemaligen DDR endgültig eingezogen wurde. Bei Staatsbegräbnissen wird der Sarg mit einer Fahne bedeckt als Ausdruck dafür, daß der Verstorbene dem Land und dem Volk im Leben gedient hat und er jetzt nach seinem Tod noch durch den Staat geehrt wird. Ob dem heutigen Menschen die Symbolik der Fahne immer deutlich ist, kann bezweifelt werden. Für viele ist sie nur noch Dekoration.

Auch innerhalb des kirchlichen Lebens sind die Fahnen Zeichen der Gesinnung. Wenn sie auch oft nur als Schmuck bei Prozessionen oder bei der Beflaggung des Kirchengebäudes Verwendung finden, so sind sie doch auch „Zeichen der Gemeinschaft", wie das Benediktionale sagt. Unter der Fahne mit dem Bild des Kirchenpatrons findet sich die Gemeinde zusammen. Vor allem kirchliche Verbände haben Fahnen oder Banner mit dem Emblem ihrer Gemeinschaft, die einzelnen Jugend- wie auch die Erwachsenenverbände, die verschiedenen Katholischen Studentenvereinigungen wie auch viele freie Gruppen.

Auf Wallfahrten werden Fahnen mitgetragen, um zu zeigen, daß sich alle Glieder in die große Pilgergemeinschaft einfügen. Natürlich geben sie dem Wallfahrtszug ein buntes und festliches Gepräge. Es ist bezeichnend, daß man zur Zeit der Aufklärung, aber auch in den Jahren nach dem Zweiten Vatikanischen Konzil verschiedentlich das Mittragen von Fahnen auf Wallfahrten verbot oder es als „nicht mehr zeitgemäß" und „Ausdruck des kirchlichen Triumphalismus" bezeichnete.

Fast jede traditionelle Fußwallfahrt hat eine eigene Fahne, die an der Spitze des Wallfahrtszuges getragen wird. Oft ist auf ihr das Wallfahrtsbild dargestellt oder auch ein Wappen oder Symbol des Ortes, aus dem die Wallfahrt kommt. Es gibt sehr alte Fahnen, die ihres Alters wegen schon sehr kostbar sind. Manche wurden im Laufe der Zeit durch andere ersetzt; die Originale sind an besonderen Stätten, manchmal in Museen, aufbewahrt. Häufig werden sie auf langen Fußwallfahrten durch kleine Wimpel ersetzt und nur beim Einzug in den Wallfahrtsort und beim Auszug getragen. Viele Wallfahrtsvereine lassen sich heute wieder bewußt neue Fahnen anfertigen und führen sie als Zeichen ihrer Gemeinschaft auf dem Pilgerweg mit.

2. Abzeichen

Der Pilger früherer Jahrhunderte trug eine bestimmte Kleidung, die ihn sofort als Pilger erkennen ließ und ihm in Gefahren einen gewissen Schutz bot. Dazu gehörte der weite Pilgerumhang, der ihn vor Kälte schützte und in der Nacht als wärmende Decke diente. Der breitkrempige Pilgerhut war bei Regen und Schnee der Schirm und bewahrte ihn bei stechender Sonne vor einem Hitzschlag.
Allen voran aber war der Pilgerstab Kennzeichen der Pilger (vgl. Leonie von Wilckens, Die Kleidung der Pilger, in: Bayerisches Nationalmuseum [Hrsg.], Wallfahrt kennt keine Grenzen. Aufsatzband zur Ausstellung, Verlag Schnell & Steiner, München/Zürich 1984, S. 174–180). Mit ihm konnte er sicher ausschreiten und sich notfalls gegen Räuber und wilde Tiere verteidigen. Das bekannte Kirchenlied „O du hochheilig Kreuze" (Gotteslob, Nr. 182), das um 1600 entstanden ist, vergleicht das Kreuz des Erlösers mit einem Pilgerstab; in einer Strophe heißt es: „Du bist der Stab der Pilger, daran wir sicher wallen, nicht wanken und nicht fallen." Auf schlüpfrigen Wegen, beim Hinauf- und Hinabsteigen von Bergen fand der Pilger im Stab einen sicheren Halt, der ihn vor einem Sturz bewahrte.

Auch eine Tasche, in der er ein wenig Proviant für die Reise hatte, gehörte zu seiner Ausstattung. Gutes Schuhwerk war schon damals, so wie heute, eine Voraussetzung für eine Fußwallfahrt, es sei denn, man wollte als Zeichen der Buße ganz bewußt barfuß gehen.

Neben dieser Kleidung und Ausstattung trugen damals die Pilger bestimmte Abzeichen, die erkennen ließen, wohin sie unterwegs waren. Dies galt vor allen Dingen für die drei großen Pilgerziele des Mittelalters, dem Heiligen Land, Santiago de Compostela und Rom. Bis heute ist die Muschel als Zeichen der Jakobspilger bekannt (vgl. Kurt Köster, Mittelalterliche Pilgerabzeichen, in: Bayerisches Nationalmuseum [Hrsg.], Wallfahrt kennt keine Grenzen, a.a.O., S. 203–224).

Pilgerkleidung wie auch Pilgerabzeichen wurden im Laufe der Zeit abgeschafft. Anstelle der Einzelpilger im Mittelalter kam es ab der Zeit der Gegenreformation zu Wallfahrten der Pfarrgemeinden und ganzer Städte, so daß eine eigene Pilgerkleidung nicht mehr nötig war.

Abzeichen dagegen gab es noch bis in unser Jahrhundert hinein. Nach einer verhältnismäßig kurzen Zeit, in der sie aus der Mode kamen, werden sie den Pilgern nun wieder angeboten. Dies gilt in erster Linie für die großen Wallfahrten, die ein Bistum oder ein kirchlicher Verband zu einem Wallfahrtsort ins Ausland, etwa nach Lourdes oder in das Heilige Land, unternimmt. Ebenso wie Kreuz und Fahne wollen die Abzeichen die Gesinnung ausdrücken, mit der sich die Menschen zur Wallfahrt aufgemacht haben.

In den letzten Jahren tragen auch die Teilnehmer traditioneller Fußwallfahrten wieder Abzeichen, häufig mit dem aktuellen Wallfahrtsmotto, wie dies vergleichbar bei Katholikentagen üblich ist.

3. Kerzen

Kerzen haben innerhalb der Liturgie der Kirche eine besondere Bedeutung. Das Urbild dieses lebendigen Lichts ist die Osterkerze, die in der Osternacht in die dunkle Kirche hineingetragen wird als Zeichen des auferstandenen Herrn. An ihr werden alle anderen Lichter entzündet, denn von Christus erhält jeder Mensch das Licht der Hoffnung für sein Leben. So wie dieses Licht beim Ostergottesdienst weitergereicht wird, so soll die Hoffnung weitergegeben werden in die ganze Welt.

Kerzen brennen sowohl bei der Eucharistiefeier als auch bei der Spendung fast aller anderen Sakramente: Die Taufkerze begleitet den Täufling auf seinem Weg mit der Kirche durch das Leben, so auch die Hochzeitskerze oder die Primizkerze. Die Sterbekerze brennt am Bett dessen, der mit dem Tod ringt. In vielen Gotteshäusern ist es Brauch geworden, daß die Osterkerze auch beim Beerdigungsamt brennt. Und auf den Gräbern werden wenigstens am Allerseelentag die Lichter als Zeichen der Hoffnung, die vom ewigen Leben spricht, entzündet. Am Fest der Darstellung Jesu im Tempel werden die Kerzen geweiht zur Erinnerung an das Wort des Greises Simeon, der den Messias als „Licht, das die Heiden erleuchtet" (Lk 2, 32), bezeichnet. Dieser Tag, der im Volksmund den Namen „Mariä Lichtmeß" trägt, beschloß früher die Lichtzeit des Advents und die Weihnachtszeit. Gerade in dieser bei uns dunkelsten Zeit des Jahres werden die meisten Kerzen entzündet: am Adventskranz und am Weihnachtsbaum. Bei den meisten spricht das Kerzenlicht in besonderer Weise das Gemüt an, was Millionen Glühbirnen und die Neonleuchten nicht fertigbringen.

Wallfahrtsorte sind Lichtorte. Wer einmal in Lourdes war, wird sich an die zahlreichen Kerzen erinnern, die dort brennen, nicht nur auf der Lichterpyramide vor der Grotte, sondern in dafür eigens eingerichteten Opferstätten. Fast jeder größere Wallfahrtsort hat eine eigene Kerzenkapelle, in der die Wallfahrer ihre Kerzen aufstellen können. Die alte Wallfahrtskirche in Kevelaer erhielt nach dem Neubau der großen Wallfahrtsbasilika den Namen „Kerzenkapelle". Hier können aber nicht die Wallfahrer ihre Kerzen abbrennen, sondern in ihr werden die Kerzen, die von großen Fußwallfahrten mitgebracht werden, aufbewahrt und zum abendlichen „Marienlob" entzündet. In manchen Wallfahrtsorten ist das Gnadenbild durch den Rauch der Kerzen nachgedunkelt, so z.B. in Tschenstochau.

Kerzen sind, mehr noch als Blumen, Zeichen der Verehrung, aber auch Zeichen des inbrünstigen Gebets der Wallfahrer. Wenn sie ihr Beten am Wallfahrtsort beendet haben, dann soll die Kerze für die Pilger weiterbrennen und so, gleichsam bildlich, Gott erinnern an die, die hier waren und ihm ihre Anliegen vorgetragen haben. Es ist manchmal rührend, mit welch naiver Frömmigkeit die Wallfahrer darum bemüht sind, daß ihre Kerzen doch ja brennen mögen und möglichst ganz nahe beim Gnadenbild aufgestellt werden.

An zahlreichen Wallfahrtsorten finden sich die Pilger nach Einbruch der Dunkelheit zu einer Lichterprozession ein, um noch einmal Gott zu loben und zu bitten. Das ist nicht nur in den internationalen Wallfahrtsorten wie Lourdes und Fatima der Fall, sondern auch in Altötting, Kevelaer und anderen größeren und kleineren Wallfahrtsstätten.

Ein eigenes Gebet beim Aufstellen einer Opferkerze macht den Gedanken des brennenden Lichtes am Wallfahrtsort deutlich:

„Herr, diese Kerze, die ich entzünde, sei Licht, damit du mich erhellst. Ich kann nicht länger bleiben. In dieser Kerze sei ein wenig von mir selbst noch hier. Es ist nicht viel, was ich hier lasse. Aber für mich waren es einige Augenblicke, dir nahe gewesen zu sein, hier bei deiner Mutter und unserer Mutter, wie du sie uns unter dem Kreuz gegeben hast, als Mutter – unsere Schwester und Trösterin, heute und alle Tage und einmal in der Stunde unseres Todes" (Richard Schulte Staade [Hrsg.], Gebete und Gesänge zur Kevelaerwallfahrt, Normalausgabe, Verlag Butzon & Bercker, Kevelaer [7]1988, S. 116).

Kerzen werden oft mitgenommen für die Daheimgebliebenen in der Gemeinde, für die Familie und den Einzelnen. Sie sollen erinnern an die Tage der Wallfahrt, zugleich aber auch die Verbundenheit mit Christus, dem Licht der Welt, seiner Mutter und den Heiligen ausdrükken. Sie werden besonders bei festlichen Ereignissen im Leben der Gemeinde oder der Familie entzündet. Als Zeichen des Trostes brennen sie auch dann, wenn schwere Stunden kommen.

4. Devotionalien

Viele Pilger, die einmal den Marienwallfahrtsort Lourdes aufgesucht haben, werden vielleicht mit gemischten Gefühlen gesehen haben, was dort zum Verkauf außerhalb des „Heiligen Bezirks" angeboten wird: Lourdesmadonnen als Fernsehleuchten, strahlend phosphorisierende Kreuze und nickende Heiligenfiguren. Wir haben uns auch in anderen Wallfahrtsorten daran gewöhnt, daß Gipskopien der Madonna in allen Größen die Schaufenster der Devotaliengeschäfte zieren, denn über Geschmack läßt sich nun einmal nicht streiten. Auch ist ein Wallfahrtsort nicht immer eine Stätte der Kunst. Doch es gibt Grenzen, die nicht überschritten werden dürfen. Gegen die schlimmsten Auswüchse haben Wallfahrtsrektoren – oft vergeblich – gekämpft. Es ist selbstverständlich auch eine Frage des Preises, wenn am Wallfahrtsort nicht gerade Kunstwerke angeboten werden, die für die meisten unerschwinglich sind.

Devotionalien sind Gegenstände für die private Frömmigkeit, die die Pilger als Andenken für sich selbst oder für Angehörige und Freunde mitnehmen. Von ihnen wird die Votivgabe, vor allem Kerzen, die als Zeichen der Verehrung zum Wallfahrtsort mitgebracht wird, unterschieden. Solange wie es überhaupt Wallfahrten gibt, solange nehmen Pilger Devotionalien mit nach Hause. Schon in der vorchristlichen Antike finden wir „Wallfahrtsandenken". Waren es im Anfang etwa die Blätter von einem heiligen Baum, Wasser einer heiligen Quelle, Erde aus der Nähe des Wallfahrtsheiligtums, so bediente sich schon sehr schnell der Handel des Wallfahrtsgeschehens. Es wurden kleine Götterbildnisse, Phallussymbole für die Fruchtbarkeit oder Tontäfelchen mit bildlichen Darstellungen und eingeritzten Gebeten hergestellt und zum Kauf angeboten.

Bekannt ist die Bewegung, die sich in Ephesus gegen die Christen und die Predigt des Paulus bildete. Ein handfester Devotionalienstreit hätte Paulus beinahe das Leben gekostet. Der Silberschmied Demetrius, der silberne Artemistempelchen herstellte, fürchtete um seinen Umsatz, falls das Christentum sich weiter ausbreiten würde, und hetzte zunächst seine Angestellten und dann die Bewohner der ganzen Stadt auf, die mit lautem Geschrei ihre Göttin verteidigten (vgl. Apg 19, 23–40). Bei archäologischen Ausgrabungen an den antiken Wallfahrtsstätten werden heute noch derartige Devotionalien gefunden.

Der Umgang mit Devotionalien wurde auch in die christliche Wallfahrtsbewegung übernommen. Zunächst waren es Reliquien, die man als Andenken oder auch als Kostbarkeiten in die Heimat mitbrachte. Im Laufe der Zeit aber, als die Wallfahrtsbewegung stärker wurde, die Zahlen der Pilger anstiegen und man die Reliquien mehr schützte, gab es höchstens noch Berührungsreliquien, die man mitnehmen konnte.

In der Wallfahrtsbewegung der Ostkirche, in der die Bilderverehrung eine sehr große Rolle spielt, stellten vor allen Dingen Mönche in den Klöstern Kopien der „wundertätigen" Originale für die Pilger her. Diesem Brauch schloß man sich später in der westlichen Kirche an. Es wurden Bilder hergestellt, die das Gnadenbild zeigen: Gemälde, Kupferstiche, Radierungen und dann Fotos. Auch plastische Nachbildungen von Kreuzen, Marien- oder anderen Heiligendarstellungen, die man in der östlichen Kirche nicht kennt, fanden weite Verbreitung. Je nach Geschmack und Geldbeutel kann man sie in Holz, Stein, Gips und heute auch in Kunststoffen erwerben.

Schon sehr früh schuf man schon Medaillen aus kostbarem Silber, bis hin zu billiger Massenware heute, oft versehen mit dem Wallfahrtsbild auf der einen Seite. Auch sie sind Zeichen der Verehrung Gottes, seiner Heiligen und vor allen Dingen der Gottesmutter Maria. An Marienwallfahrtsorten werden besonders häufig auch Rosenkränze angeboten, dazu Kerzen, die die Pilger in ihre Heimatorte mitnehmen.

Die Kirche billigt nicht nur die Devotionalien als Zeichen des Glaubens, sondern kennt sogar ihre offizielle Segnung durch den Priester. Ein besonders schönes Segensgebet des verstorbenen Propstes Wilhelm Fleuth ist im westfälischen Wallfahrtsort Telgte in privatem Gebrauch:

„Lasset uns beten! Allmächtiger, ewiger Gott, du hast die Welt erschaffen, und alles hat in dir seinen Bestand. Uns Menschen hast du deine Schöpfung in Freiheit und Verantwortung anvertraut. Laß uns erkennen und anerkennen, daß die geschaffenen Dinge Hinweis und Zeichen unserer Verbundenheit mit dir sind.

So sende gnädig deinen Segen herab auf diese Zeichen, die die Pilger mit in ihr Leben und in ihren Alltag nehmen:

auf die Kreuze
– als Zeichen der sich hingebenden Liebe des Erlösers und unseres Heiles,
auf die Kerzen
– als Zeichen deines Lichtes und unserer Berufung zum Glauben,
auf die Rosenkränze
– als Zeichen betender Gemeinschaft mit deinem Sohn Jesus Christus und unseres kindlichen Vertrauens zu Maria,
auf die Bildnisse
– als Zeichen deiner gnadenhaften Wirksamkeit in den Heiligen und zu unserer Nachahmung.
Mögen alle, die diese geweihten Zeichen fromm in Gebrauch nehmen, dich darin verherrlichen und selbst dadurch Heil und Gesundheit an Leib und Seele erlangen. Das gewähre durch Christus, unseren Herrn. Amen."

DRITTER TEIL

Praktische Durchführung von Wallfahrten

I. Verschiedene Formen

Neben den Großwallfahrten, an denen Hunderte, ja Tausende von Pilgern teilnehmen, gibt es zahlreiche Einzelpilger, die ihre Anliegen zu einem Wallfahrtsort tragen. Neben den noch immer weit verbreiteten Fußwallfahrten benutzt man auf Pilgerfahrten auch die modernen Verkehrsmittel, gerade dann, wenn das Ziel weit entfernt ist, vielleicht sogar im Ausland liegt. Nicht nur eine intensive praktische Vorbereitung ist erforderlich, sondern ebenso die geistliche Bereitung, wenn die Wallfahrt für den einzelnen Christen und die Gemeinschaft Gewinn bringen soll.

1. Traditionswallfahrten der Fußpilger

Groß ist die Zahl der Wallfahrten, die an einem festgesetzten Termin schon über Jahrhunderte zu einem Gnadenort ziehen. Mit dem eigentlichen Beginn der großen Fußwallfahrten nach dem Dreißigjährigen Krieg bis in unsere Tage haben sie ihre Hoch- und Tiefpunkte. Waren sie von großer Bedeutung bis in das späte 18. Jahrhundert, so ließ die Teilnahme während der Zeit der Aufklärung nach. Teilweise wurden die Wallfahrten sogar verboten, um dann in den dreißiger Jahren des 19. Jahrhunderts, vor allen Dingen in der Zeit der Romantik, wieder aufzublühen. Auch während des Kulturkampfes versuchte man, manche Wallfahrten zu unterbinden.

Der Nationalsozialismus agierte ebenfalls mit Verboten für Fußwallfahrten; die Machthaber wandten alle möglichen Schikanen an, so daß viele Wallfahrten nicht mehr stattfinden konnten. Doch auch in dieser Zeit machten sich immer wieder Gläubige, oft unbemerkt von der Gestapo, auf den Weg. So wird erwähnt, daß nach dem Verbot der Osnabrücker Fußwallfahrt nach Telgte Einzelpilger und kleine Gruppen, unter ihnen auch der geistliche Leiter, zum traditionellen Termin in der Nacht aufbrachen, um auf geheimen Wegen zum westfälischen Wallfahrtsort zu pilgern. Hier wurden sie bereits von zahlreichen Gläubigen erwartet, die mit der Bahn oder mit dem Fahrrad dorthin gekommen waren. Gleiches ist von anderen Wallfahrten aus dieser Zeit bekannt.

Ein wesentlich schwierigeres Problem entstand Anfang der siebziger Jahre unseres Jahrhunderts, als man viele Traditionen über Bord warf. Vielleicht ist diese Zeit für das Wallfahrtswesen nur noch mit der Zeit der Aufklärung zu vergleichen. Eine Reihe von Fußwallfahrten wurde abgeschafft, andere versuchte man umzufunktionieren in eine Art Wanderung mit Belustigungen am Wallfahrtsort. So fanden an Marienwallfahrtsorten zwar Eucharistiefeiern – die einzige Form von Gottesdiensten damals – statt, ohne aber ein einziges Mariengebet zu sprechen oder ein Marienlied zu singen.

Wenn viele Traditionswallfahrten diese Zeit überstanden haben, ist dies – oft gegen den Widerstand mancher Priester – in erster Linie den Laien zu verdanken, die nicht nachließen, zur Wallfahrt einzuladen. Sie ließen sich auch dann nicht entmutigen, wenn die Zahl der Teilnehmer zusammengeschrumpft war und kein Priester sie begleitete.

Um so erfreulicher gestalteten sich die Fußwallfahrten nach einigen Jahren des Rückgangs durch die besonders starke Teilnahme Jugendlicher. Manchmal waren die Älteren und die Jungen bei den Fußwallfahrten sehr gut vertreten, die mittlere Generation aber nur schwach. Hier beten und singen auch diejenigen jungen Leute mit, die keine regelmäßigen Kirchgänger sind. Und oft sind dabei die Gebete oder Lieder vom Text her antiquiert. Viele dieser Jugendlichen finden sich auch bei internationalen kirchlichen Jugendtreffen, z.B. in Taizé, und bei Katholiken- und Kirchentagen. Auch evangelische Jugendliche nehmen zusammen mit ihren katholischen Freunden, Schulkameraden oder Arbeitskollegen an Wallfahrten teil.

Die Vorbereitung einer großen Fußwallfahrt geschieht heute fast überall durch ein Team. In zahlreichen Orten gibt es „Wallfahrtsvereine" oder „Wallfahrtsbruderschaften", die sich darum kümmern. Dabei geht es um eventuelle Straßensperrungen, die vorher beantragt werden müssen, um Absprachen mit der Polizei, bei mehrtägigen Wallfahrten auch um die Beschaffung von Übernachtungsmöglichkeiten unterwegs wie auch am Wallfahrtsort selbst. Bei weiten Entfernungen ist es unbedingt notwendig, Fahrzeuge des Malteser-Hilfsdienstes oder des Deutschen Roten Kreuzes anzufordern, damit bei Fußverletzungen und Gehbeschwerden, bei Erschöpfung oder Kreislaufschwierigkeiten fachgerechte Hilfe geleistet werden kann.

Oft fahren auch noch Planwagen mit, die in der Vergangenheit von Pferden, heute meistens von Traktoren gezogen werden. Sie bieten denjenigen Wallfahrern, die ermattet sind oder den gesamten Weg nicht zu Fuß zurücklegen können, eine Möglichkeit, weiter an der Fußwallfahrt teilzunehmen, auch wenn die körperlichen Kräfte nachlassen. Gerade das Gefühl, auch im Alter noch dabei zu sein, selbst wenn die Beine nicht mehr mitmachen, läßt die Wallfahrt immer noch zu einem großen Erlebnis werden.

Die praktische Ausrichtung einer großen Fußwallfahrt ist in der Regel Aufgabe von Laien, die auch dafür Sorge tragen, daß genügend Vorbeter – meistens Lektorinnen und Lektoren aus der Gemeinde – zur Verfügung stehen. Die Anordnung der einzelnen Fahnen und Banner, die dem Kreuz folgen, ist gerade bei den Traditionswallfahrten von alter Zeit her festgelegt. Häufig führen sogenannte Schrittmacher die Wallfahrt an, die darauf zu achten haben, daß nicht zu schnell, aber auch nicht zu langsam gegangen wird, die die Zeit der Ankunft und des Aufbruchs an einem Rastort bestimmen und fast immer mit präziser Genauigkeit den Wallfahrtsort erreichen.

Die Aufgabe des geistlichen Leiters bei einer traditionellen Fußwallfahrt besteht zunächst darin, für die priesterlichen Dienste Sorge zu tragen. Er hält die Eucharistiefeier zu Beginn der Wallfahrt und am Wallfahrtsort selbst, falls nicht ein dortiger Priester oder gar der Bischof die Messe mit den Pilgern feiert. Oft werden auch unterwegs an einzelnen Stationen Gottesdienste oder Predigten gehalten, vor allem bei mehrtägigen Wallfahrten. Auch sollte vorher abgesprochen werden, daß gerade bei größeren Wallfahrten genügend Priester zum Beichtehören zur Verfügung stehen. Bei einigen Wallfahrten hat es sich bewährt, daß Priester schon auf dem Weg für Beichtgespräche zur Verfügung stehen. Meistens geht der Priester mit dem/der Beichtenden ein Stück hinter der Wallfahrtsgruppe. Und nicht zuletzt bereitet der geistliche Wallfahrtsleiter auch die Texte und Lieder für die Gottesdienste vor.

Immer wieder bedarf es eines besonderen Geschicks, um die gewachsenen Formen einer traditionellen Wallfahrt weiter zu pflegen und zugleich die Lebensart und die Frömmigkeit des heutigen Menschen zu berücksichtigen.

Beides miteinander zu verbinden sollte das Ziel derer sein, die sich um die Durchführung und Gestaltung einer solchen Wallfahrt mühen.

2. Neue Formen von Fußwallfahrten

In den letzten beiden Jahrzehnten haben sich häufig unterschiedliche kleinere Gruppen auf den Weg zu einem Wallfahrtsort gemacht. Oft ist ein Priester, ein Diakon, eine Pastoralreferentin, ein Pastoralreferent oder auch ein Kreis von Laien Initiator solcher Wallfahrten. Nach Jahren der Verarmung von Formen der Volksfrömmigkeit ist man darangegangen, sich wieder auf die früheren Möglichkeiten zu besinnen und sie zugleich mit neuen Inhalten zu füllen. So werden Gespräche, Meditationen und Stille gepflegt, die man meistens bei Traditionswallfahrten nicht kennt. Vorgeformte Gebete, bestimmte Lieder und genau festgesetzte Zeiten spielen keine große Rolle.
Für die kleinere Gruppe ist Spontaneität wichtiger. So ist die Hinwendung und Ausrichtung auf das Ziel, den Wallfahrtsort, sicher auch hier von Bedeutung, mehr aber das Miteinander, das weniger als bei den großen Wallfahrten durch Formen geprägt ist, sondern vielmehr durch persönliche Zuwendung zum Mitpilger. Gerade das gemeinsame Beten, Singen und Schweigen gibt diesen Gruppen die Möglichkeiten für das religiöse Gespräch.
Manche dieser Wallfahrten finden, da sie einen bestimmten aktuellen Anlaß haben, nur einmal statt, andere werden selber wieder traditionelle Fußwallfahrten, zu denen man Jahr für Jahr aufbricht. So manche alte Wallfahrt, die über Jahrhunderte hin stattgefunden hat, dann aber vor einigen Jahrzehnten einschlief, wurde nach einigen Jahren durch eine kleine Gruppe – meistens waren es Jugendliche, die eigene

Initiativen entwickelten – wieder aufgenommen und häufig in veränderter Form weitergeführt. Überhaupt sind es gerade junge Menschen, die unter Leitung eines Kaplans, einer Pastoralreferentin oder eines Pastoralreferenten miteinander nach neuen Formen und Möglichkeiten des Glaubens suchen und so ihren Altersgenossen, die ein distanziertes Verhältnis zur Kirche und keine Glaubenspraxis haben, durch eine Wallfahrt einen neuen Zugang zur kirchlichen Gemeinschaft und zum Gottesdienst erschließen.

Es ist erstaunlich, daß wenig kirchlich engagierte junge Leute gerade bei Wallfahrten, die mit traditionellen Gebeten und Liedern gestaltet werden, mitgehen. Um so mehr können solche Wallfahrten sie ansprechen, die eigens auf Probleme und Fragen Jugendlicher eingehen. Auch Erwachsene finden sich immer wieder zu diesen „alternativen" Wallfahrten zusammen und bereiten sie im kleinen Kreis intensiv vor.

Bei der Vorbereitung dieser Wallfahrten ist nicht nur auf eine gute spirituelle Begleitung zu achten, sondern auch auf eine gute praktische Durchführung, da man auf den bewährten Ablauf einer großen Traditionswallfahrt nicht zurückgreifen kann. Es geht auch um vielerlei technische Vorbereitungen, die zu einem guten Gelingen einer solchen Wallfahrt wesentlich beitragen (vgl. Hans-Werner Dierkes, Gemeinsam neue Wege gehen, a.a.O.). Man muß Unterkünfte für die Nächte besorgen und an Proviant denken. Die Tagesstrecken sollten möglichst vorher abgeschritten, notfalls auch mit dem Auto oder dem Fahrrad abgefahren werden. Wenn es eine überschaubare kleine Wallfahrtsgruppe ist, kann oft eine Familie gewonnen werden, die für die Pilger bei einer Rast Getränke anbietet. Man muß vorher auch bedenken, wie Fußkranke versorgt werden können. Es ist sogar sinnvoll, in die Überlegungen mit einzubeziehen, wie man bei Krankheit oder körperlicher Überforderung einen Wallfahrer am besten wieder in den Heimatort zurückbringen kann.

Überhaupt ist es gut, wenn die Pilgerinnen und Pilger sich wenigstens einmal vorher treffen, damit die Wallfahrt nicht allein das Werk eines einzelnen Initiators darstellt, sondern möglichst viele ihre Ideen sammeln und sich für die einzelnen Aufgaben verantwortlich wissen. So wächst schon sehr früh unter den Teilnehmern ein Gemeinschaftsbewußtsein.

Ist die Wallfahrt nicht nur für einmal geplant, sondern soll sie auch weiterhin stattfinden, ist eine Nachbesprechung wichtig, in der man aufgrund der gemachten Erfahrungen Änderungen für zukünftige Unternehmungen berücksichtigen kann.

3. Radfahrerwallfahrten

Immer mehr Wallfahrer machen sich in unseren Tagen mit dem Fahrrad auf den Weg. Es gibt sogar Traditionswallfahrten dieser Form, etwa die von Bocholt nach Kevelaer. Doch die meisten dieser Wallfahrten sind erst in den letzten Jahren entstanden. Das hängt sicher mit dem neuen Gesundheits- und Umweltbewußtsein zusammen; das Fahrrad setzt sich häufig als Alternative zum Auto durch. Der Fahrradsport hat einen Boom erlebt. So wird es verständlich, daß man sich auch als Gruppe zusammenfindet, um mit dem Fahrrad eine Wallfahrt zu unternehmen.

Manche Pfarrwallfahrten teilen sich sogar in drei unterschiedliche Gruppen für den Weg ein: Da sind die Fußpilger, die Gruppe der Busfahrer und diejenigen, die mit dem Fahrrad den Weg zurücklegen. Am Ort selbst trifft man sich wieder, um gemeinsam den Pilgergottesdienst zu feiern.

Je weiter der Weg zu einer Wallfahrtsstätte ist, um so größer sind auch hier die Vorbereitungen. Wer eine mehrtägige oder gar mehrwöchige Wallfahrt mit dem Fahrrad unternimmt, muß nicht nur Quartiere besorgen, sondern vor allen Dingen vorher Straßen und Wege erkunden.

Da sich die Gruppe der Radfahrer oft auseinanderzieht, ist das gemeinsame Beten und Singen beim Fahren häufig nur in einem sehr beschränkten Maß möglich. Weil keine Bücher benutzt werden können, um nicht die Sicherheit zu gefährden, wird man sich, wenn überhaupt, auf wenige Strophen bekannter Lieder und auf Gebete wie den Rosenkranz beschränken, für die man kein Buch benötigt. Doch sollte es auch während des Fahrens Zeiten der Stille geben, in denen jeder einzelne bestimmten Gedanken nachgehen oder für gewisse Anliegen beten kann. Man sollte vermeiden, daß man sich unterwegs nur unterhält.

Wichtig sind bei Wallfahrten mit dem Fahrrad Stationen auf dem Weg, an denen man sich sammelt, miteinander betet und singt und bestimmte Texte für die Meditation unterwegs vorstellt oder Anliegen angibt, die man auf die Wallfahrt mitnimmt. Als Stationen können Kirchen in Orten, durch die man fährt, dienen, aber auch Wegkreuze, Bildstöcke, Waldlichtungen oder größere Plätze auf einem Bauernhof, auf denen man vielleicht auch eine kleine Stärkung vorbereiten kann.

Es ist ratsam, daß nicht nur der Weg zum Wallfahrtsort mit Gebeten und Liedern gestaltet wird, sondern auch der Heimweg. Am Wallfahrtsort selbst sollte nach Möglichkeit die Gelegenheit zu gemeinsamen Gottesdiensten gegeben werden. Wenn es sich um eine kleine Gruppe von Radfahrern handelt, können die Pilger entweder an einem fremden Gottesdienst teilnehmen oder – wenn kein Priester zur Verfügung steht – miteinander einen Gebetsgottesdienst halten, vielleicht die Vesper dort beten. Notwendig ist es immer, diese Gebetszeiten mit dem zuständigen Pfarramt oder Wallfahrtsbüro abzustimmen.

Gerade bei einer Radfahrerwallfahrt erscheint es sinnvoll, sich mit den Rädern vor der heimatlichen Pfarrkirche zu versammeln, um bewußt mit dem Reisesegen zu starten. Die Wallfahrt sollte auch wieder in der Heimatkirche mit einem Dankgebet und vielleicht mit dem Lied „Großer Gott, wir loben dich" schließen.

So ist eine Wallfahrt mit dem Fahrrad mehr als nur ein Fahrradausflug. Weg und Verweilen am Pilgerort können bei guter Gestaltung, wie jede andere Wallfahrt auch, zu einem geistlichen Erlebnis werden.

4. Wallfahrten mit modernen Verkehrsmitteln

In unserem Jahrhundert sind vor allen Dingen Züge und Busse in den Dienst der Wallfahrt genommen worden. Seit den fünfziger Jahren kam dann auch das Flugzeug hinzu, das besonders für weiter entfernte Wallfahrtsstätten im Ausland benutzt wird. Schiffswallfahrten, wie man sie in der Vergangenheit kannte, sind heute fast ganz zurückgetreten und durch Flugreisen ersetzt worden.

Für Wallfahrten im Inland haben vor allem Züge und, in einem ständig wachsenden Maße, Busse eine große Bedeutung. Gemeinden größerer Städte organisieren Sonderzüge, die sie zu den Wallfahrtsorten bringen. Oft werden die Wallfahrer nach ihrer Ankunft am Wallfahrtsort durch Meßdiener und einen Priester vom Bahnhof abgeholt. Unter Gebet und Gesang geht man wenigstens das letzte Stück zum Wallfahrtsheiligtum zu Fuß. Ähnlich verläuft der Auszug zum Bahnhof nach dem Aufenthalt am Wallfahrtsort.

Wer eine Wallfahrt mit dem Zug plant, muß nicht nur darauf achten, schon sehr früh über ein Reisebüro einen Sonderzug zu bestellen; wichtig ist gerade hier die geistliche Vorbereitung. Sonst besteht leicht die Gefahr, daß die Wallfahrt sich nur auf den Aufenthalt am Ort selbst beschränkt. Daß aber Wallfahrt bedeutet, den Weg hin zur heiligen Stätte zurückzulegen, erleben diejenigen nur selten, die bei einer Zugwallfahrt sich selbst überlassen bleiben. Deshalb ist es gut, wenn möglichst alle Wagen mit einer Lautsprecheranlage ausgestattet sind und ein geistliches Programm gestaltet wird.

Gerade der Mensch unserer Tage braucht immer wieder Anregungen für das Gebet. Vielleicht läßt es sich einrichten, daß interessierte Laien, etwa Mitglieder eines Liturgieausschusses, mit dem geistlichen Leiter gemeinsam den Ablauf der Wallfahrt planen. Material, besonders Literatur, ist dafür in reichem Maß erhältlich. Vielfältige Möglichkeiten gibt es heute, unterwegs über die Lautsprecheranlage meditative geistliche Musik zu Gehör zu bringen, um so die Pilger in das Wallfahrtsgeschehen einzustimmen. Dagegen ist das gemeinsame Singen von Kirchenliedern während der Bahnfahrt nicht so geeignet, weil nur selten ein einheitlicher Gesang zustande kommt.

In den letzten Jahren sind die Wallfahrten mit Zügen sowohl zu den deutschen wie auch zu den internationalen Wallfahrtsorten erheblich zurückgegangen. An ihrer Stelle benutzt man immer mehr Busse. Der Vorteil besteht darin, daß man in dieser kleineren Einheit eine wesentlich bessere Gemeinschaft hat. Hier lassen sich gut Gebet und Gesang gestalten. Das Beten von Psalmen oder des Rosenkranzes im Wechsel zwischen den beiden Sitzreihen läßt schon äußerlich ein lebendiges Beten entstehen. Nachteilig ist, daß bei größeren Gruppen die Gesamtgemeinschaft sich auf die einzelnen Busse verteilen muß und man für jeden der Busse Leiter braucht, die sich für Gesang und Gebet verantwortlich wissen.

Mehr noch als bei einer Wallfahrt mit dem Zug ist bei einer Buswallfahrt zu beachten, daß die Fahrt nicht nur ein Hinbringen zum Wallfahrtsort ist: Es sollten, gerade bei langen Wallfahrtswegen, immer wieder Zeiten des gemeinsamen Betens und Singens, der Stille und des Gesprächs angeboten werden.

Wenn auch bei manchem die Vorstellung besteht, die „eigentliche" Wallfahrt sei nur die Fußwallfahrt, so sollte doch nicht vergessen werden, daß schon in früheren Zeiten immer wieder für Wallfahrten die jeweiligen Verkehrsmittel eingesetzt wurden. Nicht nur für weite Entfernungen, sondern auch für Strecken, die man zu Fuß zurücklegen könnte, ist der Einsatz von Bussen anzuraten, da sie älteren und kränklichen Menschen die Möglichkeit geben, eine Wallfahrt zu einem Gnadenort zu unternehmen, den sie als gesunde oder jüngere Menschen zu Fuß besucht haben. Gerade an den Großwallfahrten ihrer Stadt oder Gemeinde, die andere zu Fuß unternehmen, können sie auf diese Weise teilnehmen.

5. Fernwallfahrten zu internationalen Wallfahrtsstätten

Die ältesten Wallfahrten waren vorwiegend Fernwallfahrten. Schon in den ersten Jahrhunderten hatten viele Christen die Sehnsucht, wenigstens einmal im Leben an den Stätten zu beten, an denen Jesus selbst gelebt hat. Nur wenigen aber war die Verwirklichung dieses Wunsches möglich. Wegen der weiten Wege, der großen finanziellen Kosten und der zahlreichen Gefahren machten sich zunächst nur einzelne Pilger auf den Weg ins Heilige Land. Die bekanntesten aus dieser frühen Zeit sind die Nonne Egeria und der Pilger von Bordeaux (vgl. Bernhard Kötting, Peregrinatio religiosa, a.a.O.). Im Mittelalter wurde die Wallfahrt in das Heilige Land vor allen Dingen durch die Kreuzzüge immer bekannter. Doch auch die Pilgerfahrten zu den Gräbern der Apostel, besonders nach Rom und Santiago, zu den Gräbern der Märtyrer und später auch anderer Heiliger gewannen an Bedeutung. Der Besuch von Wallfahrtsbildern setzte erst verhältnismäßig spät ein.

Trotz aller Widerstände von staatlicher und manchmal auch kirchlicher Seite, ja sogar trotz vereinzelter Verbote mit der Begründung, die Leute sollten das Geld im eigenen Land lassen, unternahmen zu allen Zeiten Fernwallfahrer zu Fuß, mit Kutschwagen oder dem Schiff eine Pilgerfahrt in andere Länder. Seit dem Ende des 19. Jahrhunderts wurde dann auch die Bahn in den Dienst des Pilgerns genommen, in unseren Tagen Busse und Flugzeuge.

Seit einigen Jahrzehnten gibt es kirchliche Einrichtungen, die Wallfahrten zu den großen internationalen Pilgerstätten, u.a. nach Rom, Santiago, Lourdes, Fatima oder ins Heilige Land, anbieten, vorbereiten und durchführen. Am bekanntesten ist für den süddeutschen Raum das Bayerische Pilgerbüro, das Pilgerfahrten im europäischen Raum und darüber hinaus ausrichtet. Der Deutsche Lourdesverein kümmert sich, wie es schon der Name ausdrückt, vorwiegend um Pilgerfahrten zum südfranzösischen Marienwallfahrtsort am Fuß der Pyrenäen. Sein besonderes Verdienst ist es, daß Jahr für Jahr eine große Anzahl von Kranken und Behinderten einige Tage in Lourdes verbringen kann. In einem beschränkten Umfang richtet der Lourdesverein auch Wallfahrten zu anderen Zielen aus.

In einigen deutschen Diözesen, etwa in Münster und Trier, gibt es in den Generalvikariaten eigene Pilgerstellen, die Fahrten anbieten sowie Gemeinden und Verbänden bei der Vorbereitung behilflich sind. Immer mehr sieht die kirchliche Seelsorge diese Pilgerfahrten als eine wichtige Form der Pastoral an, werden doch Jahr für Jahr in fast jedem Bistum einige tausend Christen erreicht, die sich für einige Tage oder Wochen auf Wallfahrt begeben und so einen religiösen Schwerpunkt setzen.

Neben der praktischen Vorbereitung ist auch eine intensive geistliche Ausrichtung dieser Fahrten von großer Wichtigkeit, damit sie nicht zu reinen Bildungsreisen oder gar Vergnügungsfahrten ausarten. Neben den bewährten Formen der Volksfrömmigkeit wie Rosenkranzgebet und Kreuzweg wird man sich auch um neue Formen Gedanken machen müssen. Dabei stehen heute viele Möglichkeiten zur Verfügung, die man in der Vergangenheit nicht hatte, z.B. meditative geistliche Musik, die über Lautsprecher erklingt und eine Meditation, eine Andacht, ein Morgen- oder Abendlob unterwegs einleitet und abschließt.

Da die Gottesdienste einen Höhepunkt der Wallfahrt darstellen, sollten sie besonders intensiv vorbereitet werden. Viele Pilger bekommen hier, weil sie Zeit und mehr innere Ruhe haben als im normalen Alltag, wieder einen Zugang zur Feier der Eucharistie und anderer Gottesdienste. Eine Vorbereitung, vielleicht mit einigen erfahrenen Teilnehmern, ist auch deshalb notwendig, weil vor Ort vieles oft spontan umgestellt werden muß.

Wallfahrt als eine geistliche Bewegung soll möglichst auch durch Einfachheit bestimmt sein. Die Gefahr ist groß, daß Pilger hier die gleichen Ansprüche stellen wie auf Urlaubsreisen. Sicher sind Wandlungen eingetreten gegenüber den Pilgerfahrten nicht nur des Mittelalters, sondern auch noch gegenüber denen der fünfziger Jahre unseres Jahrhunderts. Die Hygiene erfordert vielfach als eine Selbstverständlichkeit, besonders in wärmeren Ländern, die Dusche am Zimmer. Jedoch sollte alles vermieden werden, was den Eindruck von Luxus erweckt. Einmal paßt dies nicht zum Wesen einer Wallfahrt, die Zeichen der Umkehr und der Erneuerung des Lebens sein soll, andererseits sollte auch den finanziell Schwächeren die Möglichkeit zur Teilnahme gegeben sein. Gerade wegen des einfachen Lebens unterwegs und am Wallfahrtsort selbst wird das Pilgern von Jugendlichen gepflegt.

Eine Verbindung von Kreuzfahrt und Wallfahrt ist schon deshalb nicht geeignet, weil der Aufwand, der bei einer Kreuzfahrt gepflegt wird, nicht mit dem Geist des Pilgerns übereinstimmt. Mag man auch bei Landausflügen die Stätten im Heiligen Land besuchen oder auf den Spuren des heiligen Paulus wandeln, so sind dies dennoch keine Wallfahrten. Zur Wallfahrt gehört die Einfachheit, die diese Fahrten fast immer vermissen lassen.

Andererseits ist zu bedenken, daß ein hoher Prozentsatz älterer Menschen an den Pilgerfahrten teilnimmt, denen es oft sehr schwer fällt, von heute auf morgen eine ganz andere Lebensweise zu pflegen, als sie es in ihrem alltäglichen Leben gewohnt sind, etwa mit völlig fremden Menschen in einem Zimmer zu schlafen.

Mit gesunden und gerade jungen Pilgern können dagegen Wallfahrten unternommen werden, die bewußt die Kargheit einer Pilgerfahrt erkennen lassen: ein einfaches Essen, vielleicht in den Tagen der Pilgerfahrt bewußter Verzicht auf Alkohol und Rauchen, eine einfache Unterkunft.

Höhepunkte solch großer Wallfahrten sollten für die Pilger besonders gestaltet werden: der gemeinsame Einzug in den Petersdom in Rom, eine Eröffnungsfeier in Lourdes, der gemeinsame Kreuzweg auf der Via Dolorosa und die anschließende Eucharistiefeier in der Grabeskirche in Jerusalem.

Auch die Rückfahrt sollte immer Wallfahrtscharakter haben. Hier haben Meditationen, das gemeinsame Rosenkranzgebet und eine Abschlußandacht, bei der vielleicht die Andachtsgegenstände gesegnet werden, ebenfalls ihren Platz. Dies kann im Bus, in der Bahn oder im Flugzeug geschehen, aber auch in einer Flughafenkirche, wie auf dem Frankfurter Flughafen, oder in einem Gotteshaus, das kurz vor dem heimatlichen Ziel liegt. Unternimmt eine Gemeinde eine solche Pilgerfahrt, darf der gemeinsame Abschluß in der Pfarrkirche nicht fehlen.

Zahlreiche Reisebüros sehen heute im Bereich des Pilgerns ein Geschäft und bieten als Unternehmen sogenannte Pilgerreisen an. Oft fahren die Wallfahrer dann ohne einen geistlichen Leiter, bleiben am Wallfahrtsort sich selbst überlassen oder werden, wie bei Bildungsfahrten, von einer Sehenswürdigkeit zur anderen gehetzt. Es ist durchaus kein Einzelfall, daß Teilnehmer solcher Fahrten berichten, man habe ihnen in Rom noch nicht einmal Gelegenheit gegeben, den Sonntagsgottesdienst zu besuchen. Solche „Pilgerreisen" sollte man sehr kritisch sehen.

II. Vorbereitung und Durchführung

Wie jeder Gottesdienst bedarf auch die Wallfahrt einer besonderen Vorbereitung. Dies gilt in gleicher Weise für traditionelle Wallfahrten, die immer wieder überdacht und den zeitlichen Erfordernissen angepaßt werden müssen, wie auch für Wallfahrten in neuer, alternativer Form, z.B. mit dem Fahrrad. Es ist notwendig, die Gemeinde oder eine Gruppe innerlich auf den Wallfahrtsvorgang einzustimmen. Dies ist vor allen Dingen da wichtig, wo bisher noch keine Wallfahrten stattgefunden haben. Hier müssen nicht nur Menschen für eine Teilnahme motiviert werden; ebenso notwendig ist es, eine Pfarre oder eine Gemeinschaft innerlich einzustimmen. Nur so kann Wallfahrt nicht nur eine ständige Einrichtung bleiben, sondern wird für den Einzelnen auch fruchtbar sein.

Bei Fernwallfahrten, die von einer Gemeinde oder einem kirchlichen Verband ausgerichtet werden, scheint es immer ratsam, sich mit größeren Institutionen, etwa einer Diözesanpilgerstelle, in Verbindung zu setzen. Hier nimmt man nicht nur praktische Arbeit ab, etwa das Besorgen von Unterkünften oder die Bestellung der Gottesdienstzeiten, sondern bietet auch den nicht Wallfahrtserfahrenen Möglichkeiten zur spirituellen Gestaltung der Pilgerfahrt an.

Ohne intensive Vorbereitung gelingt keine Wallfahrt. Deshalb ist es notwendig, Fernwallfahrten genauso wie solche im Nahbereich auf lange Sicht zu planen und mit einer kleinen Gruppe vorher zu gestalten. Soll eine Wallfahrt in die Gesamtseelsorge einer Gemeinde integriert werden, etwa zum Grab des Pfarrpatrons beim Jubiläum einer Pfarre, ist auch eine Nachbesprechung von großer Wichtigkeit.

1. Praktische Vorbereitung und Werbung

Wenn auch Motivation und geistliche Ausrichtung Voraussetzung für das Gelingen sind, so darf die praktische Vorbereitung nicht vernachlässigt werden, damit eine Wallfahrt nicht aus äußeren Gründen scheitert. Bei Traditionswallfahrten gibt es aus vielfältigen Erfahrungen früherer Zeiten gewisse Richtlinien, was alles getan werden muß, um sie durchführen zu können. Das reicht bei großen Fußwallfahrten von vorherigen Kontakten zu staatlichen Behörden, die bestimmte Straßen sperren müssen, über Begleitung durch Polizei, Sanitäter, Krankenschwestern und eventuell einen Arzt bis zu Verbindungen mit dem Wallfahrtsort sowie den Städten und Dörfern, die man auf dem Weg berührt. Immer wieder neu muß vor der Wallfahrt von den Verantwortlichen überlegt werden, ob und wie eventuelle Änderungen geschehen sollen.

Die Wallfahrten, die noch nicht auf eine Tradition zurückblicken können, müssen besonders gut vorbereitet werden. Zunächst einmal wird man sich darüber einigen, wohin man pilgern möchte. Für manche Gemeinden, die in der Nähe einen Wallfahrtsort haben, wird es sinnvoll sein, wenn eine Gruppe sich zu Fuß auf den Weg macht, eine andere mit dem Fahrrad und eine – hier ist besonders an ältere, kränkliche und gehbehinderte Gemeindemitglieder gedacht – mit dem Bus. Voraussetzung ist auch, daß man sich mit dem Pilgerbüro des Wallfahrtsortes oder dem dortigen Pfarrer in Verbindung setzt, um die Gottesdienstzeit abzuklären und eventuell um einen Prediger des Wallfahrtsortes zu bitten. Dies ist erfahrungsgemäß an den Orten leichter zu erreichen, die von Ordensleuten seelsorgerlich betreut werden, während an Wallfahrtsstätten, an denen Diözesanpriester wirken, die zusätzlich noch eine Pfarrei versorgen, oft kein Priester für die Gottesdienste zur Verfügung gestellt werden kann. Meistens müssen die Pilgergruppen hier selbst für Zelebranten und Prediger sorgen.

Auch die Zeit, die die Pilgergruppe an einem Wallfahrtsort verbringt, sollte eigens gestaltet werden, damit diejenigen, die zum ersten Mal oder sehr selten eine Wallfahrt unternehmen, die Zeit sinnvoll verbringen können. Steht ein ganzer Tag zur Verfügung, ist es ratsam, außer der Messe eine Andacht zu halten, den Kreuzweg zu beten, auf das Angebot des Bußsakramentes hinzuweisen und auch eine Einführung in das stille Gebet vor dem Gnadenbild zu geben. Viele Menschen sind für Gebetshilfen sehr dankbar.

Wird nur ein halber Tag am Wallfahrtsort verbracht, erscheint es ratsam, außer der gemeinsamen Eucharistiefeier, Andacht oder Pilgerpredigt höchstens noch eine weitere Gebetszeit anzubieten. Mit einem Gottesdienst, der Gelegenheit zum stillen Gebet und einer körperlichen Stärkung ist ein halber Tag schnell vorüber. Vielleicht ist schon ein einziger gemeinsamer Gottesdienst ausreichend, weil sonst die Wallfahrer nur wenig Zeit haben, das persönliche Gebet in den Anliegen zu pflegen, die jeder hat.

Um das rechte Maß zu finden, kann es sinnvoll sein, wenn die Verantwortlichen vorher den Ort besuchen und die Gelegenheiten dort erkunden. Ist das nicht möglich, so sollte man zumindest von der Wallfahrtsleitung des Ortes oder notfalls vom Verkehrsverein einen Prospekt anfordern, um sich über den Ort und die dortigen Umstände zu informieren, denn jeder Wallfahrtsort hat seine eigenen Besonderheiten.

Keine einheitliche Meinung besteht darüber, ob man für Wallfahrten werben soll oder nicht. Das hängt zum einen von der je eigenen Erfahrung mit dem Wallfahren ab, zum anderen von der Einstellung der Seelsorger und pastoral Verantwortlichen, ob sie darin eine Möglichkeit der Seelsorge sehen. Vertreter für und gegen das Wallfahren gibt es genügend in der Geschichte, auch unter den Heiligen.

Für viele Wallfahrten braucht man keine Werbung. So ist es für zahlreiche Familien eine Selbstverständlichkeit, sich an bestimmten Fußwallfahrten zu beteiligen. Oft nimmt man dafür weite Anfahrten in Kauf oder opfert sogar einige Urlaubstage, um mitpilgern zu können. Wenn jedoch eine Gemeinde, ein Verband oder ein bestimmter Kreis zum ersten Mal eine Wallfahrt unternehmen will, muß dafür geworben werden, denn vielen Christen ist durchaus nicht klar, was eine Wallfahrt bedeutet. Vielleicht wird der Seelsorger über das Grundsätzliche einer Wallfahrt sprechen müssen.

Werbung muß vor allen Dingen für solche Pilgerfahrten gemacht werden, die als Fernwallfahrten ins Ausland führen und oft einige Wochen dauern. Gerade hier ist eine Einführung in das Wallfahrtsgeschehen notwendig, da falsche Erwartungen vorhanden sein und sich bei Nichterfüllen der Vorstellungen Frustrationen breitmachen können. Schon vorher muß darauf aufmerksam gemacht werden, daß eine Wallfahrt etwas anderes ist als eine Vergnügungs- oder Studienfahrt unter geistlicher Leitung. Das ist heute um so notwendiger, weil viele kirchliche Bräuche nicht mehr bekannt sind. Es ist besser, eine Pilgerfahrt mit kleiner Teilnehmerzahl zu unternehmen, als den Wallfahrtscharakter aufzugeben und mit unzufriedenen Teilnehmern zu pilgern.

2. Das Thema

Manche Bistümer und Gemeinden, die ein Jubiläum feiern, stellen die Veranstaltungen des gesamten Jahres unter ein bestimmtes Wort, das den geistlichen Schwerpunkt angibt. So standen bei dem 1200jährigen Bestehen des Bistums Osnabrück die Feierlichkeiten des ganzen Jahres unter einem Wort aus der Osterliturgie, aus dem Ritus der Weihe der Osterkerze: „Sein sind die Zeiten!"

Auch Wallfahrten stellt man verschiedentlich unter ein Wort, das häufig der Heiligen Schrift entnommen ist, um auf die Fragen und Probleme der Zeit eine Antwort aus dem Glauben zu geben. In den einzelnen Gottesdiensten und Predigten wird dieses Wort aufgenommen; es wird versucht, anhand des damit verbundenen Schrifttextes die Teilnehmer zu bewegen, auch im persönlichen Gebet dieses Wort vor Gott zu bedenken und auf das eigene Leben zu beziehen.

Seit 1974 gibt die „Arbeitsgemeinschaft der Rektoren der nordwestdeutschen Wallfahrtsorte" ein Thema für die Wallfahrtszeiten an. In dieser Arbeitsgemeinschaft sind die Pfarrer und Wallfahrtsrektoren der größeren Wallfahrtsorte der Kirchenprovinzen Köln und Paderborn vertreten. Während des Jahres wird dann über dieses Thema gepredigt. Dies hat sich gerade für solche Wallfahrer als sinnvoll erwiesen, die Jahr für Jahr kommen und sonst wiederholt Predigten über das am Ort verehrte Kreuz, die Reliquien oder die Geschichte des Marienbildes hören mußten.

Als Themen sind u.a. ausgesucht worden:

1989 Ich und mein Haus, wir wollen dem Herrn dienen (Jos 24, 15);
1990 Jesus Christus: der Weg – die Wahrheit – das Leben (vgl. Joh 14, 6);
1991 Glaube kennt keine Grenzen;
1992 Ich will euch Zukunft und Hoffnung geben (Jer 29, 11);
1993 Geh mit uns auf unserm Weg.

Zum Jahresthema wird ein entsprechendes Faltblatt herausgegeben, das Schriftstellen, Liedvorschläge und Fürbitten enthält. Es wird den Gemeinden, Wallfahrtsvereinen, Wallfahrtsbruderschaften, Verbänden und Gruppen zugeschickt, die sich zur Wallfahrt am Wallfahrtsort anmelden. So können sich die Veranstalter einer Pilgerfahrt vorher mit dem Thema befassen und es auf dem Weg zum Wallfahrtsort aufgreifen.

3. Gebete und Lieder

Die beste Quelle für die Gestaltung einer Wallfahrt bietet das „Gotteslob". Neben den auf Wallfahrten schon immer gebräuchlichen Traditionsgebeten wie Rosenkranz, Kreuzweg und Litaneien enthält es eine Reihe von Andachten, die entweder nach dem Kirchenjahr oder nach bestimmten Themen geordnet sind. Gerade sie eignen sich besonders gut für das Gebet bei Fußwallfahrten oder bei Pilgerfahrten mit dem Bus. Günstig ist es für eine Reihe von Wallfahrten,

wenn aus dem reichhaltigen Material Gebets- und Liedtexte für den Gebrauch zusammengestellt werden.
Bei den Liedern ist darauf zu achten, daß man keine in Melodie und Rhythmus veränderten Gesänge nimmt, da sonst ein großes Durcheinander entstehen kann. Dies wird schon bei kleinen Änderungen der Fall sein, etwa bei dem Lied „Freu dich, du Himmelskönigin" (Nr. 576), erst recht bei größeren Veränderungen wie beim Lied „O du hochheilig Kreuze" (Nr. 182). Lieder aber, die für katholische Gemeinden neu sind oder eine völlig neue Melodie haben, sind dagegen gut zu verwenden.
Bei Fußwallfahrten sind von vornherein solche Gesänge auszuschließen, die einen Rhythmus haben, der für das Gehen ungeeignet ist. Man muß besonders bei großen Fußwallfahrten damit rechnen, daß die Wallfahrer den Rhythmus des Singens ihrem Gehen angleichen. Es sollte darauf geachtet werden, daß bei starkem Regen Lieder gesungen werden, die die Pilger entweder auswendig oder deren Refrain sie gemeinsam singen können, etwa die Grüssauer Muttergotteslitanei „Mutter Gottes, wir rufen zu dir" oder „Erfreue dich, Himmel, erfreue dich, Erde" (Nr. 259).
Zahlreiche größere Fußwallfahrten haben ein eigenes Wallfahrtsbuch. Bei Wallfahrten, die schon Jahrzehnte oder gar Jahrhunderte hindurch bestehen, muß es von Zeit zu Zeit überarbeitet oder völlig neu gestaltet werden. Nicht nur das Sprachgefühl, sondern auch bestimmte Frömmigkeitsformen ändern sich. Da finden wir in einigen Büchern aus der ersten Hälfte unseres Jahrhunderts z.B. den Hinweis, daß fünf Vaterunser, Ave Maria und Ehre sei dem Vater zur Verehrung der Tränen der Gottesmutter gemeinsam gebetet werden sollen. Nicht nur jüngere Menschen, sondern die meisten Pilger empfinden solche Gebete heute als fremd.
Dies gilt noch mehr für Lieder. Sicher wird man immer auch Traditionslieder singen, die nicht mehr ganz dem heu-

tigen Geschmack entsprechen. Oft sind sie alt und haben, weil sie von den Vorfahren schon gesungen wurden, eine Berechtigung, in unseren Wallfahrtsbüchern zu stehen und weiter gesungen zu werden. Doch manche Texte müßten unbedingt verändert werden.

Es bedarf schon eines besonderen Fingerspitzengefühls, um hier nicht in Extreme zu verfallen: entweder alles aus der Vergangenheit radikal zu tilgen oder umgekehrt alles bestehen zu lassen, weil es immer schon so war. Priester und Laien sollten gemeinsam die schwierige Aufgabe der Überarbeitung oder Neufassung eines Pilgerbuches übernehmen.

Der Vorteil eines eigenen Pilgerbuches besteht darin, daß eine ganz konkrete Wallfahrt durch bestimmte Gebete und Gesänge gestaltet wird, daß sie vor allen Dingen ein bestimmtes Lokalkolorit enthält, das sich von einer auf die andere Generation vererbt. Der Nachteil ist, daß nicht nur das Sprachgefühl, sondern auch manche Vorstellungen innerhalb der Kirche sich ändern. Hier ist es notwendig, nicht nur von Zeit zu Zeit die Texte zu überarbeiten, sondern auch neue Gebete und Lieder in ein solches Buch aufzunehmen.

Viele Wallfahrtsleitungen geben selber Bücher für die Hand der Pilger heraus, die neben speziellen Gebeten und Liedern auch jeweils die Geschichte des Ortes enthalten. Dies gilt sowohl für große internationale Wallfahrtsorte wie Lourdes, Fatima und Santiago de Compostela als auch für zahlreiche deutsche wie Altötting, Kevelaer, Werl und andere. Diese Bücher sind vor allen Dingen den vielen Einzelpilgern eine große Hilfe, da sie eine Einführung in die verschiedenen Kirchen, Kapellen oder andere wichtige Stellen am Wallfahrtsort enthalten und zugleich auch Gebetshilfen geben. Darüber hinaus können sie sich an den gemeinsamen Veranstaltungen für alle Pilger wie Eucharistiefeiern, Prozessionen usw. aktiv beteiligen, wie es ihnen auskommt.

4. Die Nachbereitung

Eine Wallfahrt wird häufig mit sehr viel Einsatz und großer Sorgfalt vorbereitet. Aber gerade wenn sie den Teilnehmern Freude und neuen Mut geschenkt hat, ist es notwendig, sie nicht nur als einmaliges Erlebnis oder jährlich wiederkehrende Veranstaltung zu behandeln, sondern auch Folgerungen daraus für die Gemeinde, die Gruppe und den Einzelnen zu ziehen. Wenn sich auch nicht ermessen läßt, welche Bewegungen im Innern eines Menschen durch eine Wallfahrt geschehen, so ist es doch wichtig, Überlegungen für die Zukunft anzustellen, damit recht viele aus dieser Frömmigkeitsform heraus wieder neue Glaubenskraft schöpfen.
Deshalb sollten sich die für die Pilgerfahrt verantwortlichen Laien und Priester schon möglichst bald nach ihrem Verlauf zusammenfinden und im Rückblick noch einmal ihre Eindrücke zusammentragen. Hierbei sollte nicht allein im Vordergrund stehen, was sich technisch noch verbessern ließe; ebenso wichtig ist es, die geistlichen Erlebnisse der Wallfahrt zu bedenken: Gab es eine gute Ausgewogenheit zwischen Gebet und Erholung? Wurde genügend Raum für das stille Gebet am Wallfahrtsort gegeben? Müßten die Wallfahrer noch mehr in ihrem geistlichen Tun begleitet werden, weil sie mit den freien Zeiten nichts anzufangen wußten? Wurden bei einer Fußwallfahrt die vielfältigen Möglichkeiten voll genutzt? Hat eine Hinführung zum Empfang des Bußsakramentes stattgefunden? Welche Möglichkeiten kann man bei einer mehrtägigen Pilgerfahrt ins Ausland nutzen, damit die geistliche Atmosphäre bestehen bleibt?

Gerade die Pilgerfahrt einer Gemeinde kann ein Sinnbild für das gesamte Gemeindeleben sein. Entbehrungen und Anstrengungen, die eine Wallfahrt prägen, werden auch im Gemeindealltag deutlich. Doch wie sich auf einem gemeinsamen Weg der eine um den anderen kümmert und man miteinander das Ziel erreicht, so hat diese Gemeinsamkeit auch für die Kirche am Ort, die Gemeinde, eine große Bedeutung. Wie bei einer längeren Fußwallfahrt nicht alle die gesamten anstrengenden, weiten Wege gehen können, sondern manchmal Teilstrecken mit den Begleitfahrzeugen fahren müssen, ohne daß die Mitpilger sie verspotten oder verachten, genauso ist es auch im Leben einer Gemeinde, in der nicht nur die, welche in allem den Vorschriften entsprechen, einen Platz haben, sondern auch die, welche Schwächen haben, immer wieder fallen und bei denen so recht kein Fortkommen festzustellen ist.

In den Predigten und der Gesamtpastoral einer Gemeinde während und nach einer größeren Wallfahrt sollte verdeutlicht werden, daß nicht nur die Teilnehmer der Wallfahrt Pilger sind, sondern alle, wie es das Wort vom „pilgernden Volk Gottes auf dem Weg" des Zweiten Vatikanischen Konzils meint. Eine Wallfahrt könnte der Anlaß sein, diese Sicht im Gemeindeleben zu konkretisieren. Jeder hat seine Aufgabe auf dem Pilgerweg: der kranke Beter genauso wie der sozial Tätige, der Junge wie der Alte, Laien und Priester; alle sind sie auf dem Weg als Pilger zu dem großen Ziel.

III. Wallfahrten verschiedener Gruppen

Wenn die christliche Wallfahrt zunächst eine Pilgerfahrt des Einzelnen war, so schloß man sich doch schon in sehr frühen Zeiten zu kleinen Gemeinschaften zusammen, um sich gegenseitig auf den mühevollen Wegen zu helfen, vor allen Dingen, um sich in den vielfältigen Gefahren gemeinsam zu verteidigen und wohl auch auf dem Weg miteinander zu beten. Als vom 17. Jahrhundert an Bischöfe und Priester ihre Gläubigen zu Wallfahrten aufriefen und oft selber daran teilnahmen, waren dies häufig machtvolle Demonstrationen des katholischen Glaubens. Von jetzt an gehörte zum Wallfahren als wichtiges Element das Gemeinschaftsbewußtsein, das sich bis in unsere Tage erhalten hat. Ob mehrtägige Fußwallfahrten oder große Pilgerfahrten ins Ausland, ob Wallfahrten ganzer Regionen oder kleiner Pfarreien – immer sind sie auch Demonstrationen der Zusammengehörigkeit.

Häufig sind es feste Gruppen, die zu den Wallfahrtsorten kommen. Neben den Wallfahrten der Verbände wie Kolping, KAB, kfd und kirchlicher Gruppen wie den Ministranten gibt es eigene Kinder- und Jugend-, Familien- und Seniorenwallfahrten. Besonders eindrucksvoll sind die Pilgerfahrten kranker und behinderter Menschen.

1. Kinderwallfahrten

Kinder erlebten früher die Wallfahrten in erster Linie dadurch, daß sie von einem bestimmten Alter an zusammen mit ihren Eltern oder auch mit der Gemeinde zum Wallfahrtsort kamen. Oft war es ein besonderes Erlebnis, wenn sie zum ersten Mal dabeisein konnten. Auch heute gibt es viele Kinder, die, sobald sie es kräftemäßig schaffen, wenigstens streckenweise an einer Fußwallfahrt teilnehmen, ohne daß der Ablauf und die Gestaltung sich nun besonders an sie richtet.

Aber die Zahl der Kinder wächst, die nicht wie selbstverständlich in die Formen der christlichen Volksfrömmigkeit hineinwachsen. Hier sind die Kirchengemeinde und besonders die kirchlichen Kinder- und Jugendgruppen aufgerufen, den Kindern einen Zugang zu verschaffen, denn hier erfahren sie kirchliches Leben in seiner Fülle, was gerade heute, wo Glaube oft so abstrahiert wirkt, ihren kirchlichen „Reifungsprozeß" positiv unterstützt. Bei Wallfahrten ist es deshalb wichtig, eine für Kinder gemäße Form zu wählen, um für sie daraus ein religiöses Erlebnis zu machen.

In vielen Diözesen ist es Brauch, daß die Kommunionkinder vor oder nach der Erstkommunion zusammen mit den Seelsorgern, den Katechetinnen und Katecheten, manchmal auch den Eltern, eine Wallfahrt zu einem nahegelegenen Wallfahrtsort unternehmen. Es wird dem Alter von sieben oder acht Jahren angemessen sein, daß neben dem religiösen Element des Gebets, Gesangs und eines Gottesdienstes auch das Spiel nicht vergessen wird, damit Wallfahrt auf Kinder nicht den Eindruck einer religiösen Leistungsveranstaltung macht. Firmlinge, die oft schon im Jugendalter sind, werden weniger das Spiel in den Vordergrund stellen, sondern eher Informationen über den Wallfahrtsort sammeln oder auch die Wallfahrt mit Aktionen verbinden.

Auf jeden Fall sollte man darauf achten, daß auf einer solchen Wallfahrt dem Alter entsprechend nicht zu viel an religiösen Angeboten gemacht wird, andererseits aber auch der Wallfahrtscharakter gewahrt bleibt.

2. Ministrantenwallfahrten

Eine eigene Gruppe bilden Kinder und Jugendliche in einer Gemeinde, die eine besondere Funktion durch den Dienst am Altar als Meßdienerinnen und Meßdiener ausüben. Ihre Zahl ist häufig gegenüber vergangenen Zeiten kleiner geworden; vielleicht hat der Ministrantendienst auch viel von seiner früheren Faszination verloren. Deshalb aber dürfen die Mädchen und Jungen, die heute noch ihren Dienst tun, sich nicht als Außenseiter gegenüber den anderen Kindern vorkommen. Sie sollten immer wieder das Erlebnis von Gemeinschaft machen, die Vielfalt der Möglichkeiten im religiös-kirchlichen Raum wahrnehmen und bewußt daran teilnehmen können.

Eine dieser Möglichkeiten sind die Ministrantenwallfahrten, die auf Gemeinde-, Dekanats- und Diözesanebene durchgeführt werden. Hier erfahren sie die Gemeinschaft vieler Gleichgesinnter, die miteinander auf dem Weg des Glaubens sind (vgl. Hans-Werner Dierkes, Gemeinsam neue Wege gehen, a.a.O., S. 33–44).

Viele Formen sind möglich: So können Meßdiener einer oder mehrerer Pfarrgemeinden die Wallfahrt zu Fuß, mit dem Fahrrad oder mit dem Bus an einem Tag zu einem nahegelegenen Wallfahrtsort unternehmen. Oder: Ministranten mehrerer Gemeinden, vielleicht sogar eines ganzen Bistums, führen eine Wallfahrt zu einem der internationalen Wallfahrtsorte, etwa nach Rom, durch.

Gerade bei einem solchen Unternehmen ist vorher zu bedenken, daß der Wallfahrtsvorgang in eine Fahrt eingebunden werden muß, die nicht nur ein geistliches Programm enthalten darf, sondern in der auch das Erlebnis von Natur, von Baudenkmälern und anderen Sehenswürdigkeiten, von der Lebensweise anderer Völker einen Platz hat. Ebenso dürfen Spiele, Gesang und andere entspannende Elemente nicht vergessen werden. Die Mädchen und Jungen, die den Altardienst verrichten, sollten gerade auf einer Wallfahrt die Ausgewogenheit von Gebet, Bildung und Entspannung erfahren.

Eine religiöse „Überfütterung" oder eine reine Wissensvermittlung ist genauso schädlich wie eine reine Vergnügungsfahrt. Deshalb sind Planung und Treffen vor einer solchen Wallfahrt unbedingte Voraussetzung. Eine Ministrantenwallfahrt in die nähere Umgebung könnte in bestimmten Abständen, etwa jährlich, durchgeführt werden. Eine Wallfahrt mit Meßdienern zu einem internationalen Wallfahrtsort beinhaltet immer auch ein Kennenlernen von zahlreichen anderen Mädchen und Jungen, die den gleichen Dienst ausüben, und trägt so dazu bei, die große Gemeinschaft aller Ministranten zu stärken. Das ist besonders wichtig, weil viele Kinder und Jugendliche, die den Dienst am Altar verrichten, sich oft sehr vereinzelt vorkommen. Das Wallfahren, verbunden mit gemeinsam gefeierten Gottesdiensten, mit Gebeten und Gesängen, fördert die Freude der jungen Menschen an ihrem Dienst.

3. Jugendwallfahrten

Die Kirche in Deutschland und in anderen Ländern Europas beklagt häufig, daß Jugendliche und junge Erwachsene den Gottesdiensten in den Gemeinden zum großen Teil fernbleiben.
Von daher ist es zunächst verwunderlich, daß bei Wallfahrten jüngere Menschen in großer Zahl zu finden sind. Dies trifft vor allem auf die traditionellen Fußwallfahrten zu, die von den Gemeinden veranstaltet werden. Obgleich in den meisten Fällen die Gebete und Lieder nicht auf Jugendliche zugeschnitten, teilweise sogar recht antiquiert sind, nehmen junge Menschen nicht nur äußerlich an diesen Wallfahrten teil, sondern beten und singen intensiv mit. Jugendliche stellen z.B. bei der Fußwallfahrt der Osnabrücker nach Telgte unter den Tausenden von Pilgern das Hauptkontingent, in manchen Jahren sogar 70–80% der Teilnehmer. Bei anderen Wallfahrten ist es ähnlich.
Viele der jungen Pilger zählen nicht zu den regelmäßigen sonntäglichen Gottesdienstbesuchern. Von vornherein zu

behaupten, sie nähmen nur deshalb teil, um bei weiten Fußmärschen aus einem sportlichen Ehrgeiz heraus ihre körperliche Leistungsfähigkeit unter Beweis zu stellen, ist sicher nicht richtig. Sportliches Interesse läßt sich bei anderen Gelegenheiten eher befriedigen als gerade bei Fußwallfahrten. Viele junge Leute geben an, sie gingen deshalb auf Wallfahrt, weil es ihnen leichter falle, beim Gehen zu singen und zu beten als beim Sitzen in der Kirche. Andere betonen ganz stark den Gemeinschaftscharakter einer Wallfahrt, von dem sich junge Leute besonders angesprochen fühlen.

Vielleicht ist es das Unterwegssein zu einem Ziel überhaupt, verbunden mit Kargheit und körperlicher Belastung, das junge Menschen in einer sonst so abgesicherten Welt anspricht. Was auch immer sie zu einer Wallfahrt motiviert, entscheidend ist, daß viele einen neuen Zugang zum religiös-kirchlichen Leben erhalten. Und vielleicht kann auch bei einer Reihe von ihnen, die sonst der Praxis des kirchlichen Lebens fernstehen, durch die Wallfahrt ein Aufbruch geschehen.

Gerade die Jugendwallfahrt ist ein Ort – so Baldur Hermanns (vgl. in: Johannes Wielgoß, Jugendwallfahrten. Ein Werkbuch, Don Bosco Verlag, München 1987, S. 23) –, an dem sich Gleichaltrige mit ihren Fragen und Problemen treffen können und einen offenen Raum haben, der von der älteren Generation nicht mit Vorgaben belegt ist und deshalb auch keinen Anlaß zu Konflikten gibt. Gerade auf Wallfahrten können Jugendliche nach neuen Wegen suchen und sich so wiederum neu dem Glauben, der Kirche und überhaupt dem Religiösen nähern.

Den jungen Christen geht bei einer Wallfahrt auf, wie wichtig die Gemeinschaft ist, die sich nicht nur im gemeinsamen Weg, sondern auch im gemeinsamen Leiden an der Witterung, an den gesundheitlichen Beschwerden bei einem langen Fußweg, aber auch im Teilen von Essen und Trinken und der gemeinsamen nächtlichen Unterkunft ausdrückt. Dies sind Erfahrungen, die sie sonst nicht oder nur sehr unvollkommen mit der Kirche machen.

Auch Priester und – wie im Bistum Münster – den Bischof erleben jugendliche Pilger nun ganz anders als sonst: Sie sind nicht in erster Linie die „Amtsträger", sondern Mitpilger, die mit ihnen zusammen auf dem Weg zum Ziel sind, die auf diesem Weg Suchende sind wie alle anderen auch und die unter vielen Beschwerden ebenso leiden wie sie selbst. Kann es ein besseres Bild für die Gemeinschaft von Bischöfen, Priestern und jungen Christen geben als eine gemeinsame Wallfahrt?

In dem Werkbuch „Jugendwallfahrten" von Johannes Wielgoß werden eine ganze Reihe von Möglichkeiten vorgestellt, die nicht alle im strengen Sinne Wallfahrten sind, aber die doch viele Elemente des Pilgerns haben, so die „Friedensroute", die jährlich vom Bischöflichen Jugendamt Essen durchgeführt wird. Eine Berlinwallfahrt unter dem Motto „Mut zum Glauben" macht deutlich, daß Wallfahrten nicht immer nur zu klassischen Wallfahrtsorten führen müssen, sondern selbst eine Weltstadt wie Berlin mit ihren Gedenkstätten für die Märtyrer der jüngsten Vergangenheit das Ziel sein kann. Bekannt sind auch die Jugendwallfahrten zu den ehemaligen Konzentrationslagern in Auschwitz oder Dachau.

Einen besonderen Eindruck hinterlassen Nachtwallfahrten auf junge Menschen. Von den zahlreichen Wallfahrten, die ich selbst als Schüler oder Student mitgemacht habe, sind mir gerade die Nachtwallfahrten zum Altenberger Dom und zur Volkacher Madonna in Erinnerung geblieben. Der Weg durch die Nacht ist ein gutes Bild für die Lebenssuche, auf der sich der junge Mensch befindet. Hier wird die Bedeutung der Gemeinschaft spürbar, aber auch das Aufbrechen von Hoffnung, wenn nach der Dunkelheit der Nacht langsam der Tag anbricht und es immer heller wird: Abbild für ein Leben, das von Christus getragen wird, der selbst mit auf dem Weg ist.

4. Familienwallfahrten

Schon die Wallfahrt, die Jesus mit seinen Eltern in die Stadt Jerusalem zum Tempel führte, war eine Familienwallfahrt. Als Zwölfjähriger hatte er das Alter erreicht, um an der Wallfahrt nach Jerusalem zum Paschafest teilnehmen zu dürfen. Auch in unseren Tagen nehmen Kinder, sobald sie groß genug sind, um die körperlichen Strapazen einer Wallfahrt aushalten zu können, an Wallfahrten teil. In zahlreichen Familien ist es zudem ein guter Brauch, daß sich bei besonderen Ereignissen – vor dem Examen eines Kindes, anläßlich einer Feier, bei Krankheit oder Tod eines Angehörigen – alle Familienmitglieder zu einem Wallfahrtsort auf den Weg machen. Hier wird die Gemeinschaft und das Zusammengehörigkeitsgefühl der Familie auf dem Hintergrund des Glaubens erfahrbar.
Heute gibt es spezielle Familienwallfahrten, die Pfarreien für ihre Familien ausrichten oder die Familiengruppen – ein Zusammenschluß von einigen Familien, die sich in Erziehungs- und auch Glaubensfragen zur Seite stehen – von sich aus vorbereiten und durchführen. Gerade hier zeigt sich, wie sehr Wallfahrt eine Laienbewegung ist. „Das entscheidende Element einer Familienwallfahrt liegt darin, daß sich Kinder, Jugendliche, Erwachsene und alte Menschen in einer lebendigen Form als Gemeinschaft erfahren und ihrem Glauben eben nicht, wie sonst vielfach in unseren Gemeinden üblich, in altersmäßig getrennten

Gottesdiensten Ausdruck verleihen" (Hans-Werner Dierkes, Gemeinsam neue Wege gehen, a.a.O., S. 47).

Eine Familienwallfahrt bedarf guter Vorbereitung, weil man sich auf viele Eventualitäten einstellen muß. Das gilt schon für die äußerlichen Gegebenheiten: Was tut man für die kleinen Kinder, wenn sie auf dem Weg ermüden? Ist Vorsorge getroffen für Regenwetter? Wie beköstigt man sich auf dem Weg und am Wallfahrtsort selbst?

Dies gilt auch besonders für die geistliche Gestaltung der Wallfahrt. Da die Gruppe verschiedene Altersstufen umfaßt, ist es wichtig, daß möglichst alle, von den Kindern bis zu den Großeltern, angesprochen werden. Dabei kommt es auf einen gesunden Ausgleich zwischen Gebet und Spiel, Unterhaltung und Erholung an. Was für die Kinderwallfahrten gilt, muß auch bei Familienwallfahrten Beachtung finden: Wenn nur gebetet wird, werden Kinder leicht überfordert. Dann kann eine Abneigung gegenüber der Wallfahrt und jeglichem religiösen Tun entstehen. Bestimmte Zeichen, kurze bildliche Katechesen vor einem Kreuz oder einem Bildstock, Blumen, die unterwegs von den Kleinsten gepflückt und vor dem Wallfahrtsbild niedergelegt werden, schaffen hier einen besseren Zugang.

Natürlich sollen auch die Anliegen der Familien besprochen und im Gebet vor Gott getragen werden. Dies kann an einigen Stationen auf dem Weg geschehen und beim Gottesdienst am Wallfahrtsort selbst.

Aus Kostengründen können wohl nur selten ganze Familien an Wallfahrten ins Ausland teilnehmen. Hin und wieder werden von einzelnen Bistümern Möglichkeiten für solche Familienfahrten geschaffen. Der Standard dieser Pilgerfahrten ist sehr einfach, das Programm auf die Bedürfnisse von Familien abgestimmt. So veranstaltet der „Familienbund der Deutschen Katholiken" im Erzbistum Paderborn Familienwallfahrten nach Lourdes, die vor der eigent-

lichen Wallfahrtszeit in der Osterwoche durchgeführt werden.
In manchen Bistümern werden am Hauptwallfahrtsort von Zeit zu Zeit Wallfahrten für die Familien der gesamten Diözese durchgeführt, oft unter der Teilnahme des Bischofs. Gebet, Erholung, Spiel werden miteinander verbunden. Für Familien sind diese Wallfahrtstage ein großes Erlebnis. Durch die Begegnung mit anderen Familien entsteht ein lebendiger Austausch an Erfahrungen; neue Bekanntschaften und Freundschaften werden geschlossen. Höhepunkt ist immer der große Familiengottesdienst, der den Wallfahrtstag einleitet oder beschließt. Wie bei anderen Großwallfahrten sollen diese Pilgerfahrten den Glauben in den Familien, die noch bewußt mit der Kirche leben, sich aber in der Vereinzelung oft verloren vorkommen, stärken.

5. Frauen- und Männerwallfahrten

Bei zahlreichen Fußwallfahrten und Prozessionen der Vergangenheit gingen Frauen und Männer getrennt. Das ist heute weitgehend abgeschafft. Als das „pilgernde Gottesvolk auf dem Weg" gehen heute Männer und Frauen, Junge und Alte, Jugendliche und Kinder miteinander zum Ziel.
Dennoch gibt es auch heute Wallfahrten, die bewußt für Frauen oder Männer angeboten werden. Das hat einmal damit zu tun, daß eine Tradition, die über Jahrhunderte besteht, weitergeführt wird, dann aber sollen durch diese gottesdienstlichen Formen Frauen und Männer in ihrer je eigenen Art angesprochen werden. Für Frauen werden sie häufig von pfarrlichen Gruppen der Frauengemeinschaft oder von Zweigvereinen des Katholischen Deutschen Frauenbundes angeboten.

Doch diese Wallfahrten sind nicht mehr selbstverständlich. Wallfahrtsrektoren und Pfarrer stellen fest, daß die Zahl der Frauen, die an einer solchen Tageswallfahrt teilnehmen, nicht nur geringer wird, sondern auch eine Überalterung der Teilnehmerinnen eingetreten ist. Dies hat nicht allein damit zu tun, daß auch Frauen sich aus dem kirchlichen Leben stärker zurückziehen. Für eine wachsende Zahl von Frauen ist es heute selbstverständlich, wenigstens halbe Tage einer außerhäuslichen Berufsarbeit nachzugehen. Sie können also an einer solchen Wallfahrt während der Woche gar nicht teilnehmen. Immer schon war es schwirig gewesen für Frauen, die kleine Kinder zu versorgen haben, für einen ganzen Tag von zu Hause fern zu sein.

Eine Alternative gerade für jüngere und berufstätige Frauen besteht darin, die Wallfahrten auf den langen Samstag zu legen, wenn die Männer zu Hause sind und sich um die Kinder kümmern können. Eine andere Möglichkeit sind „Abendwallfahrten" für Frauen. Im westfälischen Wallfahrtsort Werl hat man gute Erfahrungen mit dieser Form gemacht. Es besteht nach Ankunft der Wallfahrerinnen Gelegenheit zum stillen Gebet vor dem Gnadenbild und zum Empfang des Bußsakraments. Der Höhepunkt der Wallfahrt ist die Eucharistiefeier mit Pilgerpredigt. Eventuell kann sich im Anschluß an diesen Gottesdienst nach Einbruch der Dunkelheit eine Lichterprozession anschließen.

In einigen Bistümern lädt das Frauenreferat des Generalvikariates zu Wallfahrten ein. Manchmal führt ein Pilgerzug die Frauen auch zu einem internationalen Wallfahrtsort.

Männerwallfahrten gibt es nur wenige. In der Vergangenheit hatten gerade sie einen besonderen Bekenntnischarakter, etwa in der Zeit des Kulturkampfes und des Nationalsozialismus. Auch als der militante Kommunismus in Polen herrschte, waren Männerwallfahrten, etwa zum Annaberg im alten oberschlesischen Industriegebiet, ein Bekenntnis zur Kirche und zum christlichen Glauben.

Heute gibt es nur noch vereinzelt diese ausgesprochenen Männerwallfahrten, zu denen kirchliche Männerverbände einladen. Manchmal werden sie auch verbunden mit einem Bußgang, der in einigen Bistümern für Männer in der österlichen Bußzeit stattfindet.

6. Seniorenwallfahrten

Während früher viele ältere Menschen nur noch in der Erinnerung von Wallfahrten erzählen konnten, an denen sie teilgenommen hatten, stellen sie heute einen großen Teil der Pilger. Wenn die Kräfte es nicht mehr gestatten, zu Fuß die Strecke zum Wallfahrtsort zurückzulegen, so bieten heute Züge, Busse und PKWs die Möglichkeit, noch im hohen Alter einen Wallfahrtsort zu besuchen und dort zu beten.

Seit einigen Jahrzehnten finden sich viele Seniorengruppen in den Gemeinden zusammen, die in ihren Programmen zu Wallfahrten einladen. Ältere Menschen stehen weitgehend nicht mehr in einem Arbeitsprozeß und finden auch die Woche über Zeit zu einer Wallfahrt. Gerade an Werktagen sind hauptsächlich sie die Gäste in den Wallfahrtsorten.

Mit einer Wallfahrt verbinden ältere Menschen nicht nur Erinnerungen; für viele jüngere Familienmitglieder oder Bekannte sind sie die Ansprechpartner, die deren Anliegen im Gebet mitnehmen, weil diese selber keine Zeit zum Beten finden, nicht mehr beten können oder nicht mehr beten wollen. Vor allen Dingen die Sorge um die eigenen Kinder und Enkelkinder ist für zahlreiche ältere Menschen das Motiv, eine Wallfahrt zu unternehmen.

Oft dauern die Wallfahrten nur einen halben Tag, da viele älteren Menschen nicht auf den Mittagsschlaf verzichten können. Dann bieten sich die Wallfahrtsorte in der näheren Umgebung an.

Auch bei Seniorenwallfahrten muß sich jemand für die geistliche Gestaltung auf dem Weg und am Wallfahrtsort verantwortlich wissen, denn es genügt nicht, einen Gottesdienst zu „bestellen" und ein Café, in dem man zusammensitzt. Ein Wechsel von Gebet und Unterhaltung auf dem Weg ist dabei ebenso anzuraten wie ein gut vorbereiteter Gottesdienst am Wallfahrtsort. Wenn es nicht zu beschwerlich ist, kann man den Kreuzweg gemeinsam gehen. Auf jeden Fall sollte man eine größere Spanne Zeit geben, damit die älteren Pilgerinnen und Pilger genügend Zeit zum stillen Gebet haben, in der sie die vielfältigen Anliegen vor Gott tragen können.

Im Bistum Münster veranstaltet die Fachstelle „Mission, Entwicklung und Frieden" für ältere Menschen vom Frühjahr bis zum Herbst Wallfahrten zu den einzelnen Wallfahrtsstätten der Diözese. Hier wird der Gedanke von Wallfahrt und Mission bewußt miteinander verbunden. Dazu werden Seniorengruppen aus den einzelnen Gemeinden eingeladen. Nach einem gemeinsamen Gottesdienst, oft mit dem Bischof oder einem der Weihbischöfe, besteht Gelegenheit zum Kaffeetrinken und zum persönlichen Gebet. Eine Andacht für die Gruppen der verschiedenen Gemeinden beschließt die Wallfahrt. So wird in jedem Jahr einigen tausend älteren Menschen die Gelegenheit gegeben, an einer Wallfahrt teilzunehmen.

Für ältere Menschen ist das Wallfahren auch ein Bild für ihren eigenen Lebensweg, der in dieser Schlußphase, in der sich Leiden, Gebrechlichkeit, aber auch Enttäuschungen und Ängste einstellen, in der viele Abschied nehmen müssen vom Beruf, von der eigenen Wohnung, von verpaßten

Lebenschancen und von Weggefährten, nun auf das Ziel hingelenkt wird, für das der Wallfahrtsort steht, nämlich Gott selber.

7. Krankenwallfahrten

Kein Ort in der ganzen christlichen Welt wird so sehr von kranken, behinderten und gebrechlichen Menschen geprägt wie der französische Wallfahrtsort Lourdes. Seit nahezu 150 Jahren kommen Kranke aus aller Welt hierhin. Hier beten sie um Heilung von ihren Leiden, aber auch um Kraft, ihre Schmerzen und Behinderungen weiter tragen zu können. Nur bei ganz wenigen wurde festgestellt, daß ihre Gesundung nicht auf natürliche Weise erklärt werden kann.
Auf Schritt und Tritt erlebt man sie: vor der Grotte von Massabielle, am Nachmittag bei der Krankensegnung während der Sakramentsprozession, bei der abendlichen Lichterprozession, bei der man sie oft auf Bahren und in Rollstühlen schiebt, bei den Piscinen, den Bädern mit dem Wasser aus der Quelle, die während einer Erscheinung der Gottesmutter entsprungen ist. Die Kranken, die für wenige Tage nach Lourdes kommen – oft ist es die Erfüllung eines Lebenswunsches –, sind für die Zeit ihres Lourdesaufenthaltes in den großen Spitälern untergebracht oder, wenn es möglich ist, in den Hotels zusammen mit den Gesunden. Man findet sie auf den Straßen und Plätzen, in den Geschäften und Lokalen der Stadt. Und überall haben sie Vorrang. Das Zusammenleben von Kranken und Gesunden war in Lourdes von Anfang an selbstverständlich.
In Deutschland organisieren neben den Diözesanpilgerstellen das Bayerische Pilgerbüro in München, der Deutsche Lourdesverein in Köln oder auch die Krankenbruderschaft Rhein-Maas eigene Pilgerzüge für gesunde und kranke Pil-

ger nach Lourdes. Oft gibt es besondere Krankenfonds, damit Pilger, denen es zusätzlich zu ihrer Krankheit auch finanziell schlecht geht, einen Freiplatz oder wenigstens eine Beihilfe erhalten.

Auf diesen Wallfahrten nach Lourdes entstehen nicht selten Bindungen, ja Freundschaften für ein ganzes Leben, unter Kranken, aber auch zwischen Gesunden und Kranken. Hin und wieder werden Begegnungstreffen organisiert oder sogar eine eigene Zeitschrift herausgegeben. Dies alles gibt besonders denjenigen Kranken Mut und Freude, die in Isolation leben.

Seit einigen Jahren werden auch Pilgerfahrten für Kranke zu anderen Wallfahrtsorten durchgeführt. So unternimmt der Malteserorden im Abstand von einigen Jahren Krankenwallfahrten nach Rom.

Auch Pilgerfahrten in das Heilige Land, speziell für Rollstuhlfahrer, werden angeboten und das Programm auf diesen Personenkreis abgestimmt. Noch wichtiger ist es, daß bei Pilgerfahrten von Gesunden einige Kranke und Behinderte mitfahren können, die dann nicht isoliert werden, sondern unter den übrigen Pilgern sind.

Für eine Pilgerfahrt mit Kranken sollte ein eigener Seelsorger zur Verfügung stehen, denn die Gespräche mit dem Priester sind für die Kranken und Behinderten oft zukunftsweisend.

Krankenwallfahrten gibt es auch im kleineren Rahmen: Die Kranken werden über die Pfarreien angemeldet, von Mitgliedern des Malteser-Hilfsdienstes oder des Roten Kreuzes abgeholt und für einen ganzen oder einen halben Tag zu einem nahegelegenen Wallfahrtsort gebracht. Hier wird die Eucharistie gefeiert, an die sich oft, wie in Lourdes, die Krankensegnung mit dem Allerheiligsten anschließt. An manchen Orten wird auch das Sakrament der Krankensalbung gespendet. Manchmal beten Rollstuhlfahrer in kleinen Gruppen noch gemeinsam den Kreuzweg.

Überhaupt verläuft so ein Wallfahrtstag nicht außergewöhnlich. Bei einer Krankenwallfahrt ist jedoch, mehr noch als bei Wallfahrten der Gesunden, die Begegnung untereinander von großem Wert, da viele Kranke und Behinderte in Einsamkeit leben.

Kranke und Behinderte sehen und erleben eine Wallfahrt aus ihrer aktuellen Situation heraus. Ihnen, den „Mühseligen und Beladenen" (vgl. Mt 11, 28), hat sich der Herr in seinem irdischen Leben in besonderer Weise zugewandt und viele von ihnen geheilt. Sie kommen zu den Wallfahrtsstätten, an denen das Kreuz des Herrn verehrt wird, weil sie selber ein schweres Kreuz zu tragen haben, zu den Bildern der Schmerzensmutter, weil ihre Schmerzen oft überhandnehmen, zu Maria als der „Trösterin der Betrübten", um Trost zu suchen, zu den Gräbern der Blutzeugen, weil sie selbst in Krankheit und Behinderung Zeugnis eines unerschütterlichen Glaubens geben.

Zwischen den kranken und gesunden Pilgern besteht gerade an den Wallfahrtsorten, nach einem Wort von Bischof Reinhard Lettmann, eine „Solidarität der Verwundeten"; und wir alle suchen Heilung für die Wunden, die wir selbst, die andere oder das Leben uns schlagen (vgl. Josef Heckens/Richard Schulte Staade [Hrsg.], Consolatrix Afflictorum. Das Marienbild zu Kevelaer. Botschaft, Geschichte, Gegenwart, Verlag Butzon & Bercker, Kevelaer 1992, S. 121 f.).

Alle, ob Junge und Alte, Gesunde und Kranke, fest Glaubende und Zweifelnde, verbindet die Hoffnung auf das große Ziel. Sie kommen zu den Wallfahrtsorten und erleben hier zeichenhaft, daß sie Christus, dem kommenden Herrn, entgegengehen.

Literatur

Akten des 1. Weltkongresses über die Seelsorge der Wallfahrten und an Wallfahrtsorten, Rom 1992

Akten des 1. Europäischen Kongresses der Pilgerseelsorge und Seelsorge an Wallfahrtsorten in Mariapocs/Ungarn 1996, Rom 1996

Angenendt, Arnold; Vorgrimler, Herbert (Hrsg.), Sie wandern von Kraft zu Kraft. Aufbrüche – Wege – Begegnungen (Festgabe für Bischof Reinhard Lettmann), Kevelaer 1993

Aufrichtige Erzählungen eines russischen Pilgers, hrsg. von Emanuel Jungklaussen, Freiburg – Basel – Wien [18]1990

Besselmann, Karl-Ferdinand, Stätten des Heils. Westfälische Wallfahrtsorte des Mittelalters, Münster 1998

Breitenbach, Roland, Werkbuch Wallfahrt. Hinführung – Modelle – Materialien, Mainz 1993

Freitag, Werner, Volks- und Elitefrömmigkeit in der Frühen Neuzeit. Marienwallfahrten im Fürstbistum Münster, Paderborn 1991

Grün, Anselm, Auf dem Wege. Zu einer Theologie des Wanderns, Münsterschwarzach 1983

Hansen, Susanne (Hrsg.), Die deutschen Wallfahrtsorte. Ein Kunst- und Kulturführer, Augsburg [2]1991

Ignatius von Loyola, Der Bericht des Pilgers, hrsg. von Burkhard Schneider, Freiburg – Basel – Wien 1991

Kessler, Michael (Hrsg.), Mit den Füßen beten. Ein Pilgerbuch, Ostfildern 1999

Kötting, Bernhard, Peregrinatio religiosa, Münster ²1980

Läpple, Alfred, Reliquien. Verehrung, Geschichte, Kunst, Augsburg 1990

Mielenbrink, Egon, Volk Gottes auf dem Weg. Geschichte, Sinn und praktische Gestaltung christlicher Wallfahrt, Leutesdorf 1997

Mielenbrink, Egon, Wallfahrtsorte – Stätten des Gebets. Entstehung, Entwicklung, Bedeutung, Kevelaer 2000

Mockenhaupt, Hubert, Als Pilger mit Pilgern unterwegs. Erinnerungen, Erlebnisse, Erfahrungen, Trier 1988

Nigg, Walter, Der Pilger Wiederkehr. Drei Variationen über ein Thema, Frankfurt/Hamburg 1958

Niggemeyer, Margarete, Durchkreuzte Lebenswege. Ein Begleiter zur geistlichen Orientierung, Ostfildern 1994

Schulte-Staade, Richard; Mielenbrink, Egon (Hrsg.), Mit Zuversicht und Freude. Gebete und Gesänge zur Wallfahrt, Kevelaer 1995

Tworuschka, Udo, Sucher, Pilger, Himmelsstürmer. Reisen im Diesseits und Jenseits, Stuttgart 1991

Walter, Karsten (Hrsg.), Wallfahrt. In Bewegung auf Gott, Annweiler 1986

Wielgroß, Johannes, Jugendwallfahrten. Ein Werkbuch, München 1987

Adressen

Arbeitsgemeinschaft der deutschsprachigen Pilgerstellen
Dachauer Str. 9
80335 München

Arbeitsgemeinschaft der Wallfahrtsrektoren
im deutschsprachigen Raum
Sekretär Dr. Rainer Killich
Kapellenplatz 35
47623 Kevelaer

Arbeitsgemeinschaft der Wallfahrtsrektoren
im nordwestdeutschen Raum
Vorsitzender Msgr. Dr. Egon Mielenbrink
Bischöfliches Generalvikariat
Rosenstr. 17
48135 Münster

Bayerisches Pilgerbüro e. V.
Dachauer Str. 9
80335 München

Deutscher Lourdesverein
Schwalbengasse 10
50667 Köln

Lourdes-Pilger-Verein
Limburger Hof e. V.
Konrad-Adenauer-Platz 4
67663 Kaiserslautern

Lourdes-Pilgerkomitee Saarland/Pfalz
Bahnhofstr. 89
66111 Saarbrücken

Oblaten-Wallfahrt
Heidhauser Str. 182
45239 Essen

Pilgrimage 2000
Ökumenische Pilgerwege
z. Hd. Christoph Tischmeyer
Ebertallee 7
22607 Hamburg

Fast alle deutschen Bistümer haben Pilgerstellen oder Referate für Pilgerreisen und Wallfahrten in ihren Generalvikariaten bzw. Ordinariaten.